es 1399

edition suhrkamp

Neue Folge Band 399

W0265066

Ein Mann begegnet einer Frau, und es ist wie immer. Ihr geht es nicht anders als ihm: Um überzeugend zu wirken, müssen der richtige Rock, die passende Hose, die bestmögliche Maske angelegt werden, müssen die Sätze, die man füreinander hat, geschliffen, geschmeidig und treffend sein. Komisch? Tragisch? Ist alles nur ein seltsames Spiel?
Das Ganze ein Stück ist ein Spiel. In ihm geht es um die Liebe, um die verwickelte Welt der Geschlechter, um Macht und Ohnmacht von Beziehungen – und zu guter Letzt auch um das, was hier »das Kulturfest« heißt: um die feistfröhliche Runde derer, die ihr Urteil, ihren Geschmack und ihre Nase für das A und O schlechthin halten. »An dem Stück«, so die Frankfurter Allgemeine Zeitung nach der Uraufführung, »besticht Friederike Roths Sprachkraft, aber auch, wie intelligent das Ganze konstruiert ist nach musikalischen Kompositionsprinzipien, gleichsam in Sonatenform mit Thema, Gegenthema, Durchführung und Reprise.«
Von Friederike Roth erschienen zuletzt in der edition suhrkamp die Theaterstücke *Krötenbrunnen* (edition suhrkamp 1319) und *Die einzige Geschichte* (edition suhrkamp 1368).

Friederike Roth

Das Ganze ein Stück

Suhrkamp

edition suhrkamp 1399
Neue Folge Band 399
Erste Auflage 1986
© Suhrkamp Verlag Frankfurt am Main 1986
Erstausgabe
Alle Rechte vorbehalten, insbesondere das der Übersetzung,
des öffentlichen Vortrags
sowie der Übertragung durch Rundfunk und Fernsehen,
auch einzelner Teile.
Das Recht der Aufführung ist nur vom Suhrkamp Verlag,
Frankfurt am Main, zu erwerben; den Bühnen
und Vereinen gegenüber als Manuskript gedruckt.
Satz: LibroSatz, Kriftel
Druck: Nomos Verlagsgesellschaft, Baden-Baden
Umschlagentwurf: Willy Fleckhaus
Printed in Germany

1 2 3 4 5 6 – 91 90 89 88 87 86

Das Ganze ein Stück

Die Personen

DIE FRAU

DER MANN

DAS KIND

DIE MUTTER

DIE TOCHTER

DER GREIS

DER JUNGE MANN

DIE EINSTIGE GELIEBTE

EIN JUNGES MÄDCHEN

DIE GREISIN

DER GESICHTSLOSE

DER ALTE MANN

SPHINXE

DER JUNGE UNIFORMIERTE MANN

DER ÄLTERE HERR

DER HANDSCHELLENMANN

DIE VERHÄRMTE DAME

DER MANN MIT DEN BEHANDSCHUHTEN HÄNDEN

1. FRAU

2. FRAU

3. FRAU

4. FRAU

1. HERR

2. HERR

3. HERR

1. Vorspiel

Zuerst vielleicht
zum Beispiel die Erde, wie sie einst jung war und ohne Menschen.

Später zum Beispiel dann eine Landschaft, die ein Geschenk der Eiszeit sei (bringt man uns später bei).
Damals fuhr der Fischer im Einbaum am See
setzte der Mensch der Vorzeit die Tat und erschlug mit
List und Gewalt das Untier, das Fremde.
Graues bis heute graues Geheimnis.
Später Besiedlung zum Beispiel Besitz und Ansprüche
auf Besitz, Veränderung
also
Übergriffe der Feinde, zurückschlagen also.
Es folgen
glänzende Siege, Vertreibungen also, Not Elend
Herrlichkeit Tod
welche Pracht, Macht über Himmel und
Erde, den endundendlosen Lauf der Stunden um
Stunden
so werden Götter erfunden, Opfergaben gebracht
bei Nacht und Nebel aus Steinen
Menschen, sagt man, gemacht.

In karger Umgebung, weit voneinander entfernt:
ein Mann, eine Frau.

DIE FRAU ›Je tiefer sie ineinander versanken, um so blinder wurden sie für die Welt‹ – wird man, später dann, besserwisserisch sagen: beruhigt fast darüber, daß die Welt, unserer Einzelgeschichte zum Trotz, ihren üblichen Lauf nahm. ›Ach‹, werde ich sagen, ›ach, in unserer glückseligen Blindheit war doch immer ein Riß‹. Längst liegt im Abendduft unser Leben, und wir tun immer noch so, als ziehe ein Morgen herauf.
Die Nacht kommt. Die Nacht geht.
Der Tag kommt. Der Tag geht.
Dann kommt wieder die Nacht.
So geht das.

DER MANN Wer prophezeiht uns die Späße der Menschen? Alter Fisch oder schlechter Wein. Ob man will oder nicht: Vergangenheit gewittert in unsere Gegenwart hinein und in der Zukunft nach. Ob es nützt oder nicht. Wir sollten absehen von uns.

DIE FRAU Ich denk nicht daran. Ich bin ein lebendiger Mensch und sinke jedem, jedem, der meine Lebendigkeit mir nur warm hält, in die Arme.

Lautes Geschrei, Gelärm, Geheul und Gelächter.

Ein Durcheinandergewirbel von Menschen: alten jungen dicken dünnen Männern, Frauen und Kindern; lachend, weinend, kreischend – oder ins Gebet versunken.

Mütter sitzen im Nacken von Töchtern, Söhne im Nacken der Väter, Greisinnen klammern sich an Greise, die nach kleinen Mädchen grapschen; sie werfen dabei jungen Männern sehnsüchtige Blicke zu. Eine Frau hängt sich ans Bein eines Mannes, ängstlich gänslige junge Mädchen werfen sich älteren Herren an die Brust: ein einziges Abschüttelanklammergezappel.
Unter Geheul, Gekreisch, Gelächter, Gejammer schwingen Mütter sich von Töchtern umklammern Söhne Mutterhälse umwürgen die Kehlen junger Frauen, die ihnen den Fuß auf die Brust setzen, während alte Männer sich auf Kinder oder Greisinnen legen.
Herrische Behauptungsgesten, demütige Unterwerfungen.
Würgegriffe, Haargezerre.
Wehgeschrei und Gelächter.

Aus unübersichtlichem Körpergewabergewirr lösen sich: ein Mann, eine Frau.

Sie gehen aufeinander zu, umarmen sich, küssen sich, versinken ineinander und werden für den Blitz einer Sekunde zum Bild des ineinander verschlungenen, ewig in Liebe versunkenen Paares.

Auf das in Liebe versunkene Paar tritt die enthauptete Göttin, das Krummschwert in der einen, den eigenen Kopf in der anderen Hand.

Aus ihrer Umarmung lösen sich: der Mann, die Frau. Fremd sehen sie sich an.

DIE FRAU Nie habe ich das behauptet. Nie.
DER MANN Ich habe nicht behauptet, du hättest behauptet . . .
DIE FRAU Gerade eben. Jetzt, jetzt gerade hast du behauptet . . .
DER MANN Ich habe überhaupt nichts behauptet. Ich habe nur gesagt, damals, da hast du . . .
DIE FRAU Damals. Damals.
Hör auf.
Ewig damals.

Aber natürlich versuchen sie es, halbherzig zwar, immer halbherziger, immer williger, gutwillig gar und noch und wieder und wieder noch wieder mit einer Umarmung.

Aber von fern naht die enthauptete Göttin.

DIE FRAU Damals.
Sie lächelt.
Ach damals. Es war Montag.
DER MANN Nein, es war Dienstag.
DIE FRAU Nein, es war ganz sicher Montag.
DER MANN Es war doch erst gestern.

DIE FRAU Nein. Vorgestern war es.

DER MANN Nein. Gestern erst.

DIE FRAU Was haben wir heute?

DER MANN Mittwoch vermutlich, denn Dienstag war gestern.

DIE FRAU Mich legst du nicht rein.
Mich kannst du nicht.
Du kriegst mich nicht.
Ich weiß genau, daß heute Donnerstag ist.

DER MANN Und du weißt genau, daß es vorgestern war?

DIE FRAU Ich bin ganz sicher.

DER MANN Dann wars eben doch Dienstag, obwohl du auf Montag bestehst.
Obwohl du behauptest . . .

DIE FRAU Nie habe ich das behauptet. Nie.

DER MANN Ich habe nicht behauptet, du hättest behauptet . . .

DIE FRAU Gerade eben. Jetzt, jetzt gerade hast du behauptet . . .

DER MANN Ich habe nur gesagt, daß du damals . . .

Geraten streitend weiter wieder zurück ins große verworren verschlungene Durcheinander; den Dämmerzustand des Körpergezappels, den seligen Reigen in der lächerlichen Choreographie aus Anklammern Abschütteln, Beherrschung und Unterwerfung.

Eine Frau, den geifernden Gatten im Nacken, streichelt und streichelt, als wärs zum ersten zum letzten Mal, streichelt und streichelt ihren Geliebten, oder was immer er darstellen soll:

dieser hübsche Junge, der – von der Frau fast zu Tode gestreichelt – Geliebter wohl sein soll, Handschmeichler.

Zwischen den Beinen des hübschen Jungen hockt eine uralte Frau; die hält seine Knie umschlungen.
Der streichelnden, streichelnden Frau schreit der keifende Gatte von hinten ins Ohr:

DER MANN Küßt euch doch.
Küßt euch doch.
Kitzelt euch.
Speichelt euch ein im Geschleck, im Geleck.

DIE FRAU *Uralt zwischen den Beinen des Jungen hockt sie,*
keift sie herbei
die Zeit ihre Zeit damals
vorbei:
Laß sie. Laß sie.
Laß sie doch laufen, die Hure.
Für so ein Miststück, diesen angemalten Dreck, hab ich dich nicht ins Leben gesetzt.
Laß sie. Laß sie. Laß sie doch laufen.

Voll Wut taucht sie zurück ins Dickicht, Gedämmer.

Eine böse, eine bittere Alte geworden, wirft sie sich über einen ahnungslos kichernden Greis.
Der Greis: Er kichert noch, schon stöhnt er röchelt.
Der junge Mann: Schüttelt ab die Geliebte, die ihm im Nacken hing, stößt mit dem Fuß nach ihr.
Die einstige Geliebte: Mühsam erhebt sie sich, setzt sich vor einen großen unbehauenen Stein, den sie betastet – sorgfältig und

mit geschlossenen Augen.

DAS JUNGE MÄDCHEN Was tust du?

DIE EINSTIGE GELIEBTE Ich versuche, mich an meinen Mut und meine Kraft zu erinnern. An dich.

DAS JUNGE MÄDCHEN Du kennst mich nicht.

DIE EINSTIGE GELIEBTE Sie lacht, wie einstige Geliebte lachen.

DER JUNGE MANN *Ihm hockt im Nacken die Mutter:*
Man sollte nicht ein Leben lang . . .

DER GREIS *Ihm klebt am Rücken noch die Greisin:*
Wir sollten, wenn wir einmal Zeit und Luft . . .

DER JUNGE MANN Luft vor allem Luft.
Mir schnürts die Kehle ab.

DER GREIS Die drückt mich zu Boden.
Die bringt mich ins Grab.

DIE GREISIN *Lacht gurgelnd:* Aber den Enkelkindern untern Rock fassen, das bringt dich in Trab.

DER GESICHTSLOSE Was uns zusammentreibt ist dunkel und wird sich, was immer wie schlau auch geschwätzt wird, weiter noch weiter verdunkeln. Und dunkel wird bleiben, was unsere Kinder und deren Kinder und wieder Kinder, Kinder, und Kinder, das hört ja nie auf, was uns zusammentreibt, wieder und wieder, uns treibts noch im Tod ineinander.

2. Vorspiel

Im Dunkeln ein alter Mann.

DER ALTE MANN Sie sagen, ich sei nicht mehr richtig im Kopf.
Vorm Kruzifix, sagen sie, bin ich gestanden, habe gesagt: Weg mit der Uhr die Uhr muß weg die gefällt mir schon lange nicht mehr überhaupt hat sie mir schon von Anfang an nicht eine Sekunde lang hat sie mir gefallen.
Ich weiß nichts davon, nichts vom Kruzifix nichts von Uhr; es wird so gewesen sein.
Sie hat es mir ja erzählt, jedem überhaupt jedem hat sie es – wochenlang täglich erzählt und erzählt immer das gleiche Gehäme: Kreuz, Uhr und meine Verwirrung im Kopf:
Steht der da, steht starr, sagt nichts, steht vorm Kruzifix, das schon seit unserer Hochzeit, seit eh und je schon, steht da steht bloß und steht sieht sich unser Hochzeitskreuz an, schüttelt den Kopf, reißt die Augen auf daß dir Angst wird – wahrhaftig, der frißt jetzt die Welt, der will jetzt alles . . .
und bang –
dann hol dir doch, hols dir, hol und nimm endlich einmal was du brauchst –
mir war Angst Himmelangst und ganz und so bang; da sagt der: plötzlich und aus dem heitersten Himmel: Nimm sofort diese Uhr weg, ich kann diese Uhr nicht mehr sehn.

Hat sie jedem erzählt: das mit der Uhr und dem heitersten Himmel.
Und daß ich mitten in der Nacht
erzählt sie jedem
zu ihr ins Zimmer käm ich mitten in der Nacht an ihr Bett und
Im Kommandoton, sagt sie, Kommandoton
Aufstehen Aufstehen!, brülle, du verschläfst ja den Tag.
Ich weiß nichts davon.
Ich und Kommandoton?
Aber es wird wohl so sein; sie erzählt es ja oft genug.

Der alte Mann im Dunkeln lacht.

Einmal hielt ich mich wach . . . bis lange nach Mitternacht wach: in ihr Zimmer, zu ihr ans Bett und wollte schon, im Kommandoton . . .
Aber: Sie hat geschnarcht und ich: nicht mehr ein und nicht aus mehr gewußt, geschnarcht hat sie nämlich schon immer schon damals
in unserer ersten Nacht
damals
noch immer im Kopf in den Ohren tönts wieder
dieses so seelenruhig so welt- und so gottvergessene Schnarchen. Im Kopf nicht mehr richtig: Kruzifix, Uhr; Komm schon, Kommandoton.
Aber die Rührung von damals
ein simples Schnarchen, die Frau neben mir,
damals.
Kein Ton mehr; ich hab bloß ein bißchen geseufzt.
Und Sie? Hochgefahren hochgeschreckt

raus aus dem Bett: Was fällt dir ein? Du gehörst
wirklich ins Heim. Schlaf jetzt! und laß mich allein.
Die Rührung von damals – ja.
Die Kleinigkeiten dauernd in den Ohren.
Das wäre eine lange Geschichte.
Der alte Mann im Dunkeln lacht.
Die im Schlaf schnarchende Frau erwacht.
Warum erschrickst du denn? Schrei doch nicht so.
Du sagst doch, daß ich das jede Nacht mach. Und
daß ich im Kopf nicht mehr richtig sei.
Ich weiß aber doch: Es ist draußen Nacht. Und ich
steh hier, neben dir. Ja, das bin ich.
Und der mit dem Kommandoton, wer immer es war,
ich war es nicht.
Schlaf weiter jetzt. Schlaf gut. Aber sei auf der Hut!

3. Vorspiel

Dämmerung.
Grübelnd versonnen sitzt irgendwo ein Mann.
Auf einer Schaukel sitzt ein malendes Kind.
Von fern sieht ein Frau auf das Kind.

DIE FRAU Vorbei nicht vorbei. Doch. Nie wieder, sagt man, nie wieder und doch immer wieder und noch:
Damals.
Auf der Schaukel im roten Kleidchen, ängstlich: das Kind.
Ein mildes Wetter ein leichter Wind.
Irgend
Augen zu Augen zu
faßt es den Mut, zum Hals pocht das Blut: auf gehts – und ab.
Von damals der Kinterton tonlos fast jetzt.
Gibt es
woanders auch eine Welt müssen die Kinder überall auf die Schaukel sieht Gott aus wie du was heißt gefallen ist denn der Opa was heißt Einmarsch warum ist die Oma ohne gefallen bloß so gestorben gibts auch in Afrika Schaukeln bist du ein Arbeiter warum denn nicht ist das gut was ist Geld gibt es auch auf dem Mond sogar Schaukeln gefällt dir mein Bild da vorne das Braune bist du weil nämlich der Abel sagt immer dein Vater das war ein Brauner sagt meine Mutter mein Brauner mein Guter hat die Oma gesagt das war mir der Liebste im Stall den hab ich auch

gemalt da über dir das ist die Stalltür warum willst du nicht, daß der Abel mit mir der hat keine Angst vor der Schaukel sogar vor der Überschlag-Schaukel hat er gar keine Angst hat der Abel gesagt und er will es mir zeigen das ist ein Geheimnis und darf keiner wissen du auch nicht warum sagst du nichts
aber
wenn ich auf die Schaukel darf ich denn dann dafür mit dem Abel wenn er mir zeigt wie man gar keine Angst
das ist die Oma das Blaue weil die doch tot ist da sagt sie nämlich
Kind Gottes in der Hutschachtel
sagt sie gerade das war mir immer der Liebste das ist das Graue die Hutschachtel und das Kind Gottes das Runde warum sagst du denn nichts gefällt dir mein Bild nicht was war die schlechte Zeit
sag doch was ist schnell Mutter komm doch der Vater schnell
komm doch der Vater stiert wieder ins Loch.

DER MANN Sei still jetzt. Gib Ruh.

DIE FRAU Soll ich dir lieber soll ich ein anderes soll ich für dich ein ganz neues ein Bild wo du gelb oder rot bist und schön und mit einem riesigen Schwert und ohne die Oma.

Ist eigentlich
immer der Vater der Mann und die Mutter die Frau
warum
bin ich euer Kind?

DER MANN Hör auf und mal jetzt nicht mehr.
Du mußt schlafen. Der Tag ist vorbei.
DIE FRAU Aber vorher spielen wir
vor der Tag ganz vorbei ist, nur einmal noch spielen wir:
Ich wär die Mutter und du wärst das Kind oder sollen wir lieber
Umbringen spielen, ich sag dir wies geht. Du würdest da sitzen wo du jetzt sitzt, und ich würde dann
DER MANN Ich weiß wie es geht. Das habe ich früher auch oft . . .
Du mußt aber schlafen, geh schlafen.
Augen zu
morgen schon morgen
schlaf ein jetzt
ganz leicht gehts, ganz schnell, schon morgen dann
morgen schon wieder Sonnenschein Sommer schlaf ein.
DIE FRAU Kannst du denn Wettermachen?
DER MANN Das Wettermachen ist einfach.

1. Zwischenstück

Trotzig
so rührend so wild
zerknüllt das Kind sein Bild, wirfts weg und geht.
Wohin? Wohin?

Zurück ins Dunkel tauchen Mann und Frau.

Aus dem Dunkel tritt der bestürzte, gesichtslose Mensch. Er trägt einen leichten
Staubmantel hätte man damals gesagt.

Fern her weht Musik von Joseph Lanner.

Die Frau kehrt zurück: als erinnere der gesichtslose Mensch sie – an wen? an was?

DIE FRAU Dieser leichte
wenn er ging so beschwingt ging
als stünden ihm . . .
Tür und Tor, sagte man damals.
Staubmantel nannte man diesen . . .
wenn er ging so beschwingt ging . . .
diesen leichten, diesen wehenden Mantel.
DER GESICHTSLOSE Kein Wort mehr
Schluß mit den alten Geschichten. Vorbei.
DIE FRAU Aber am Abend?
Nur ein Wind oder ein Mond oder?
Was dann?

DER GESICHTSLOSE Seltsam. Wenns Nacht wird dann fangen sogar vernünftige Menschen mit Liebesartigem an.
Was dann?
Kuß Koitus Schluß

Im Dunkeln lauert der Mann. Er beobachtet die Frau; den Gesichtslosen nimmt er nicht wahr. Versunken in den Anblick des gesichtslosen Menschen klaubt die Frau in Erinnerungsresten, Zukunftsfetzen. Der Gesichtslose erhält unter ihrem Blick wechselnde Gesichter: Großvater-, Vater-, Liebhabergesichter: schließlich das Gesicht der Frau.

DIE FRAU Dieses fremde
im flackernden Licht bestürzte, oder gar . . .
Aber wie oft schon.
Dieses . . .
Gesicht, dieses so fremde . . .
zulächelnde aber wollen wir ja noch immer. Dotterblumen
Herzklopfen damals und eine ganz kleine Spinne kein
Grausen vor gar nichts Gewalt nicht einmal
aber Geld
ins Spiel gebracht von weiß der Himmel weiß gar
nichts, und Geld . . . ach Geld läßt sich doch immer
beschaffen.
Ach.
Dieses fremde
bestürzte Gesicht . . .

Dunkel und fern lassen sich Berge ahnen. Vielleicht sind es auch Pyramiden.

DIE FRAU Einmal, das erste Mal
diese Erregung, die Freude über
was weiß ich, sogar die Erinnerung verloren bloß
manchmal doch noch ein ganz schneller Schmerz wie
ein Riß beim Anblick des Glanzes in den Augen eines
ganz jungen Mädchens.
Wann war das? Damals
im August, war es Sommer?
Für mich war Sommer.
Damals als dieser Mensch angefangen hatte damit und
ich nicht einsehen wollte . . . und ich dann recht be-
hielt.
Hätte ich doch
lieber nie gar nie
recht haben wollen, recht, ach hätte ich nie
recht, lieber nie recht haben wollen.
Damals
als er mich
Wie er mich festhielt, einwachsen wollte ach dieser
Mensch,
wie er mich ansah.
DER GESICHTSLOSE Kein Wort mehr. Vorbei.

Die Frau nimmt das vom Kind gemalte, vom Kind zerknüllte, das weggeworfene Bild. Sie streicht es glatt.
Der gesichtslose Mensch mit den wechselnden Gesichtern verschwindet.
DIE FRAU Geh noch nicht. Geh nicht fort.

Draußen, dort: ich weiß doch noch jeden Weg,
jede Pflanze, die ganze Umgebung in jedem Licht.
Man kann fast sagen, ich kenne die Natur.
Ich kenn noch die Leute
ihre Gärten, die Angst, ihre Kirchen
den Friedhof . . .
Geh noch nicht fort.
Ich suche für dich.
Ich finde ihn sicherlich: den Ort ohne Schmerz.
Den es natürlich nicht gibt.
Aber es gibt ihn.

2. Zwischenstück

Weites Land.
Wüste.
Sand, nichts als Sand.
Am Horizont glaubt man Pyramiden zu ahnen.

Dicht an dicht lagern Sphinxe.
Also wie immer: geflügelte Leiber, hinten geschwänzt und dem Betrachter zugewandt seit je – lächelnde Rätselgesichter.
Helle Hitze.

Mitten im Land.
Das heißt also: mitten im Wüstensand: eine lange Reihe sachlich karger Konferenztische. Jaja, wo sonst? Und alles da: Getränke, Gläser ...

EINE SPHINX Es geht mir hier nicht allzu schlecht. Bloß habe ich nichts, was mich zerstreut. Also denke ich an alle, die ich gekannt habe, die ich kenne und einmal kennen werde, den langen Tag und die lange Nacht. Es tröstet wenig, daß ich die Sache lang schon nehme, wie sie ist.

CHOR DER FRAUEN Kommt, ihr Töchter, kommt.
Helft klagen.
Sehet
Sehet
Sehet

Eine Gruppe von Frauen kommt – wie vom Himmel gefallen –

in die Wüste. Die Frauen wirken gelegentlich wie aus alten vergangenen Zeiten, manchmal wie aus anderen, vielleicht erträumten, verbotenen Welten, gleichzeitig irritierend gegenwärtig.

1. FRAU Wen?
2. FRAU Wen denn schon, wen?
3. FRAU Den Bräutigam.
1. FRAU Hochzeit. Also doch!
2. FRAU Der arme Mann. Bräutigam. Das arme Lamm.
CHOR DER FRAUEN Sehet doch. Helft klagen. Sehet.
1. FRAU Was?
CHOR DER FRAUEN Unser Hoffen, unser Locken
Unser Werben, unsere Schuld.
Sehet doch. Sehet.
2. FRAU Was noch?
CHOR DER FRAUEN Unsere Liebe.
Seht unsere verschmähte Liebe.
3. FRAU Was weiter?
CHOR DER FRAUEN Auch die Geduld.
1. FRAU Hoffen und Locken, Liebe, Geduld.
Ich sehe
wohin ich auch seh, bloß Aufruhr und Tod und Tumult.
3. FRAU Aber doch
ab und zu eine Hochzeit dazwischen.
1. FRAU Ach Gott, Hochzeit. Bräutigam. Lamm.
Wo bleibt die Braut?
Das Schaf? Die Kuh?
Die Braut ist weg.
Die Braut ist fort.

2. FRAU Neinnein. Neinnein.
Die Braut ist nicht fort.
Sie hat sich bloß zurückgezogen.
Sie weint
ein bißchen blutet ihr das Herz vor Freude und Schmerz.
Ach! Unserer Glücklichsten, unserer Ärmsten blutet das Herz.
1. FRAU Braut. Bräutigam. Lamm.
Glaube mir,
sagen so lockend die Liebenden.
3. FRAU Schon fängts wieder an.
1. FRAU Glaube mir.
Komm mit mir, komm!
Wir werden die Welt . . .
3. FRAU Aus den Angeln heben die Welt.
Kenne ich weiß ich tausendmal gehört.
Alle Wir-machen-die Welt-neu-Geschichten.
1. FRAU Glaube mir,
sagen so lockend die Liebenden alle.
Komm!
3. FRAU Geh nicht fort!
Schönes altes Lügenwort.
EINE SPHINX Ich liege hier schon immer.
Erinnere mich und schaue voraus.
Aus der Erinnerung les ich die Zukunft.
Über mir nur der Himmel und vor mir die Welt.
Und diese Welt ist nicht bloß so ein Geschichtchen,
das man an einem Abend erzählt.

Entschlossen und geschäftig begeben sich in Seide, Leder, Samt, kindhaft verschleift und verrüscht, oder streng in grau, sportlich, oder elegant gewandete, ausgesucht beschuhte, kostbar duftende Frauen ans Werk – an die Konferenztische im Sand.

1. FRAU Wir stellen die Tische am besten zu einem Kreis.
2. FRAU Oder hufeisenförmig. So eine Art Halbrund.
3. FRAU *gießt sich hastig etwas zu trinken ein*
Setzen wir uns erst einmal. Setzen wir uns.
Man kann später immer alles noch ändern.

Mitten im Sand nun sitzen die klugen, gebildeten Damen. Sie planen – besonnen besorgt – Strategien zur Rettung abendländischer Kultur.

1. FRAU Um gleich zur Sache zu kommen . . .
2. FRAU Eh wir beginnen, will ich nur kurz sagen . . .
1. FRAU Können wir das nicht auf später verschieben?
3. FRAU Ich denke auch, wir sollten sofort beginnen.
1. FRAU Und die wichtigsten Punkte hinter uns bringen.
2. FRAU Na schön!
3. FRAU Wir können danach dann in Ruhe zusammen essen gehen.
1. FRAU Zum Thema: Bild, Funktion und Rolle der Frau in unserer gegenwärtigen Kultur.
3. FRAU Ausgehend von Bild, Funktion und Rolle der Frau
in Beruf und Alltag.

1. FRAU Speziell aber wollen wir
heute nur
uns beschränken auf
Frau und Kultur.

2. FRAU Na schön!

4. FRAU *herablassend, trotzig und fast angewidert*
Erstens: Das Bild der Frauen ist von Männern längst fix und fertig gemacht.
Zweitens: Die Funktion der Frau besteht neuerdings im Bewundern der gewaltig erzählten Untergangsvisionen der Männer, die aber noch am Rand ihres so blumig beschworenen Abgrunds vital genug bleiben, um die eine oder andere Frau zu besteigen. Gegenseitig versichern sie sich, wie meisterlich abgeklärt und altersweise sie im Erzählen sprühen. Wie aus ihren abgenudelten Liebesgeschichten die Leidenschaften glühen. Seit langem schon habe keiner mehr so packend, so grotesk und so voller Trauer und Lust Altersleidenschaft beschrieben.
Und was lese ich dann in diesem so abgeklärten und doch so lustvollen, so weisen, so meisterlich erzählten Buch?
»Ich trat hinaus in den Regen. Dieser Regen wird alle die Frauen, die mich regelmäßig erwarten, längst nach Haus getrieben haben, denk ich mir noch und seh schon eines dieser kleinen anmutigen Tiere da an der Ecke stehn und lächeln im Regen. Ach – diese Weibchen mit der sicheren warmen Feuchtigkeit ihres Leibes – sie warten schon seit tausenden von Jahren; sogar im strömenden Regen. Ich strich ihr übers Haar

und nahm sie zu mir.«
Seniles Schwadronieren über Gott und Welt und Abgrund, Liebe, Tod und Weibchen im Regen – nennen sie meisterliches Erzählen.
Und schließlich und drittens: die Rolle der Frau besteht darin, den Künstler zu verehren, seine Liebe zu begehren, seine Phantasie zu bewundern, seine Verzweiflung zu lieben; ihn aber nie – zu besiegen.
Das wars.
Für mich ist dieses Thema abgehakt.

EINE SPHINX Ich weiß oft nicht mehr, wo ich bin.
Ich bin traurig und mehr, als ich sagen kann, gelangweilt.
Ich weiß nicht mehr, woran ich bin.

Frauen treten aus dem Schatten der Sphinxe:
Blonde vollbusige Idole, Straßenmädchen, in Wermut verlorene Jammergestalten, verhuscht vom Künstlerdasein träumende Dämchen, kokette Weibchen, anschmiegsame Mädchen.

Herren der Kultur kommen hinter Pyramiden hervor.

DIE FRAU Komm, mein schöner Engel, komm.
DER MANN Es ist so dunkel, so kalt.
DIE FRAU Heiß ist es; und sonnig, ganz silbern und hell.
DER MANN Warum halten Sie mich dauernd fest?
DIE FRAU Gehen wir. Komm.
Einer wie du kann bei mir immer umsonst . . .
DER MANN Wie spät ist es?
DIE FRAU Es ist gar nicht weit. Und es geht schnell vorbei.
DER MANN Wo bin ich eigentlich?
DIE FRAU Ich weiß es nicht.
DER MANN Ich bin todmüde.
DIE FRAU Das Leben ist so kurz.
DER MANN Wahrlich wahrlich. Doch dieses Faktum ist ja kein Grund für nichts.
DIE FRAU Faktum – nennt der unser kurzes Leben.

Eine der Frauen zieht sich ihr Kleid aus.
DER MANN Was fällt Ihnen ein?
DIE FRAU Es ist heiß, wir ersticken doch sonst.
DER MANN Was wollen Sie von mir?

Adieu, ich muß fort. Adieu.

DIE FRAU Bleib bei mir. Vielleicht sind wir morgen schon tot.

DER MANN Grillen. Faxen. Hirngespinste. Nein, danke. Danke nein.
Ich muß dringend fort.

DIE FRAU Warte. Geh nicht so schnell. Warte auf mich.

DER MANN Ich sag dir doch, ich muß fort.

DIE FRAU Ich habe Angst.

DER MANN Ich keine Zeit.

DIE FRAU Sage mir nur: Hast du mich gern?

DER MANN Ich bin in Eile. Ich muß weg.

DIE FRAU Dann geh doch schon.

EINE SPHINX Mann und Frau, oder Bruder und Schwester, oder Vater und Tochter, oder Mutter und Sohn, Greis oder Kind
voller Liebe voll Haß
nüchtern oder betrunken . . .

EINE SPHINX Der Streit am Nachmittag. Das Gelauer im Dunkeln.
Ich will nicht davon reden.

EINE SPHINX Es ist überall gleich. Also bleibe ich hier.
Ich bin schon immer hier.
Überfluß- und Mangeljahre: alles hab ich hinter mir.

EINE SPHINX Die Angriffe von oben her. Die Drohungen von unten.

EINE SPHINX Vielleicht sind wir närrisch geworden. Seit Jahrhunderten sind wir hier.

An ihrem Konferenztisch im Sand sinnen und planen unermüdlich noch immer, die – sagen wir: törichten? sagen wir: klugen? –
sagen wir: Damen.

2. FRAU Die Männer reden vom Untergang.
Wir aber müssen den Frieden erhalten.

4. FRAU Ogottogott. Friedenschor gründen, Friedensorchester eröffnen?

3. FRAU Ich sag bloß: Anti-Kriegs-Revue. Schmissig Friedensbeinchen werfen – und hopp und step . . .

1. FRAU Wahnsinnige und Frauen sprechen es manchmal aus: was ist oder sein wird.
Die vernünftigen Männer unternehmen alles, um diese Prophezeihungen zu verhindern.

DIE SPHINX Ich habe keine Chance mehr.
Ich bin hier und will weg.
Aber wohin?
Man kann nicht wie man will und noch weniger wie man sollte.
Ich habe hier mehr ausgehalten als ich sagen kann.
Ich fühle mich elend vor Kummer und vor Langeweile.
Meine Geduld ist am Ende.
Ich bleibe hier.
Ich liege hier schon immer.
Ach – ich will doch noch sehn, wie alles weitergeht und schlimmer wird.

Das Kulturfest

Festliche Abendatmosphäre.

Aus allen Löchern sollen Geschmack, Gehobenheit, Kulturkultur und Zivilisationskronenstimmung die Gäste anwehen.
Eine Kulturgesellschaft findet sich zusammen.
An einem auf Bühnen wie im Leben allüberall dann doch zu findenden Seitenein- oder -ausgang werden
so bemüht, so diskret, daß neugierige Aufmerksamkeit entsteht,
die Einladungen der Gäste überprüft.

Ein noch recht junger Mann, der Uniform trägt, prüft Ausweise und die Gesichter der Gäste gründlich, mit Genuß.

DER JUNGE UNIFORMIERTE MANN Ihren Ausweis.
DER ÄLTERE HERR Ich habe nie einen Ausweis bei mir.
DER JUNGE UNIFORMIERTE MANN Ohne Ausweis kommen Sie hier nicht hinein.
DER ÄLTERE HERR Ich muß aber hinein.
DER JUNGE UNIFORMIERTE MANN Ihren Ausweis bitte.
DER ÄLTERE HERR Aber ich sage doch, ich habe nie einen Ausweis bei mir.
DER JUNGE UNIFORMIERTE MANN Sie müssen sich ausweisen können. Wie soll ich sonst wissen, wer Sie sind.
DER ÄLTERE HERR Meinen Namen habe ich Ihnen gesagt. Ich muß jetzt hinein.
Ich halte nämlich die Eröffnungsrede.
DER JUNGE UNIFORMIERTE MANN Reden halten müssen

kann jeder sagen. Sie sind verpflichtet ...

DER ÄLTERE HERR Das ist nicht wahr.
In diesem Land ist man zu überhaupt nichts man ist in diesem Land zu gar nichts ... kann mich dieses Land ...

DER JUNGE UNIFORMIERTE MANN Was für eine Rede soll das denn sein?

DER ÄLTERE HERR Darum geht es doch überhaupt nicht. Ich muß da hinein.

DER JUNGE UNIFORMIERTE MANN Stellen Sie sich vor: Ihnen passiert plötzlich etwas, Sie können sich nicht ausweisen, und keiner weiß, daß Sie es sind, dem das passiert ist.

DER ÄLTERE HERR Was soll mir denn passieren?

DER JUNGE UNIFORMIERTE MANN Stellen Sie sich zum Beispiel vor ...

DER ÄLTERE HERR Warum soll ich mir denn vorstellen, was mir passieren könnte?
Daß mir etwas passieren könnte ohne Ausweis: was ist so schrecklich daran? Und wenn es mir passiert mit Ausweis, was macht das besser? Wenn mir aber mit oder ohne Ausweis überhaupt nichts passiert, dann brauch ich doch erst recht keinen Ausweis. Und wenn ich hier auf der Stelle tot umfalle, bin ich auf jeden Fall ...
Lassen Sie mich jetzt durch?

DER JUNGE UNIFORMIERTE MANN Machen Sie, was Sie wollen.
Sie und eine Rede halten! Ich kann mir schon denken, was für Reden Sie halten.

Steif, wie erstarrt, stehen dreißig bis vierzig Herren und Damen mit Sektgläsern in der Hand, in kleinen Gruppen oder vereinzelt oder paarweise herum.

Im Hintergrund sind vier Herren im Frack
Streichinstrumente haltend
mitten in einer Verbeugung erstarrt.

Vor einem riesigen Tafelbild, das die Erschaffung oder den Untergang der Welt darstellen könnte – man wird darüber diskutieren müssen –, ist ein kaltes Büfett aufgebaut.

Trotz Erstarrung, trotz kultivierter Umgebung, trotz Festgewändern, Sekt und den vereisten, leidenschaftslos lächelnden Gesichtern, fühlt man sich erinnert ans Gekreisch Gezapel Gezucke des Anfangs.

Völlig regungs- und beziehungslos entwickelt sich ein Rederitual, bedeutsam belanglos.

Langsam gerät Bewegung in die träge Gesellschaft.
Gedämpftes Gemurmel; Gläser werden leergetrunken, nachgegossen, man stößt an, man nickt, man lächelt sich zu, man geht vom einen zum anderen.

Vier Männer im Frack verbeugen sich nach allen Seiten:
Gedämpftes Klatschen.

Die Gesellschaft scheint zum Leben erwacht; zu einer Art Leben von gestern.

Guten Tag
guten Tag endlich lerne ich Sie
weiß oder rot oder womöglich
alkoholfrei selbstverständlich Sie haben recht die Gesundheit
immer schon, gerade Sie wollte ich
darf ich bekanntmachen, aber wir kennen uns doch, achso ihr kennt euch
Ewigkeiten mein Gott wie lang ist das denn
wer bitte wo
dort drüben, essen jaja, hier, drüben
dort
alles dort unter dem Bild, grandios dieses Bild
Malerei, Malerei, dieser Farbauftrag
herrlich der Strich, ich bitte dich: was heißt denn Krise der Kunst, wer was zu sagen hat, der hat was zu sagen, hier sieht mans
da hinten sitzt, aber Sie kennen sich sicher
unglaublich sein Streichquartett diesen Abend
unglaublich die Kraft dieser Ausdruck woher
nicht zu fassen, die Energie, diese Besessenheit, ein Quartett nach dem andern, jedes immer noch, was soll man sagen, schöner, wunderbar dieser Abend, mich regelrecht, ja berührt, ganz unglaublich
Sie auch? haben Sie auch
ich habe neulich die Fahnen gelesen, schön und gut, man kann das machen, bloß wozu diese ganze Geschichte,

entweder werden sie glücklich oder es bleibt, wie
es ist, wo in der ganzen Literatur bitteschön Glück,
die Idyllen, nun ja, klammern wir einmal und außer-
dem
sind die doch auch bloß verlogen
aber Liebe ist Mode
Natur und Liebe
gut und schön, Liebe
hier, wenn Sie wollen, Salat, wie schön, daß Sie
jetzt schau dir an, wer da kommt
verzeihen Sie, daß ich Sie
wollen wir, sollen wir nicht
du einfach sagen, oder
Sekunde ich komme Sekunde, ich bin ja so froh, daß
du
darf ich das
du einfach
daß du da bist, Sekunde nur einen Moment
laß ich dich jetzt allein.

Ein Mann geht auf eine Frau zu.

DER MANN Guten Tag.
DIE FRAU Guten Abend.
Helfen Sie mir auf die Sprünge:
ich glaube, ich kenne Sie nicht, oder doch?
DER MANN Wie sind Sie denn hierher geraten?
DIE FRAU Das weiß der Himmel.

Der gesichtslose Mensch geht vorbei.
Die Frau sieht ihn.
Sie lächelt.
DIE FRAU Auf Träumen derer, die ohne Flügel sind, flog ich.
Aber sie träumen jetzt anders. Singen mit schrillem Schrei.
Also versuchen wirs mit dem Schrillen. Stürzen wir also ab, fallen aus Bäumen, den flügellos mühelos geflogenen Träumen ins Frühere zurück, oder vielleicht –
aber wohin denn?

Schrill und sehr laut herrscht die Frau den Mann an.
DIE FRAU Und Sie? Wie kommen sie hierher?
DER MANN Ich hab gesehen, daß alle Leute hierher gehen. Da bin ich einfach nachgegangen.
Jetzt müssen Sie mir auf die Sprünge helfen: wo bin ich eigentlich?

DIE FRAU Mitten in unserer Kultur.

DER MANN Also bin ich doch richtig.
Ich dachte schon, ich bin auf dem falschen Fest.

DIE FRAU Sie gehören also dazu.

DER MANN Ja natürlich, natürlich.
Ich hatte bloß die Hausnummer vergessen. Und im Haus gegenüber war auch alles beleuchtet, und Leute mit Gläsern in der Hand standen genau wie hier an den Fenstern, und die nicht hierher gingen, die gingen nämlich dorthin.
Ich wußte nicht, ob ich den richtigen Leuten nachgelaufen war.
Bei Beerdigungen passiert mir das laufend. Ich hab schon zweimal Dreck ins falsche Grab geschaufelt.
Was suchen Sie? Kann ich etwas für Sie tun?

DIE FRAU Nichts, danke schön, nichts. Ich will bloß wieder weg.

DER MANN Dann kommen Sie. Gehen wir.

Eine kahle Gegend.

Mitten darin, wie aus dem Boden gewachsen, ein Berg, der an eine Pyramide erinnert, sanft ansteigend von unten, dem hohen Gipfel zu steiler werdend. Auf dem Gipfel scheint etwas zu leuchten.
Der Mann besteigt den Berg von der einen, die Frau von der anderen Seite. Beide scheinen unten, am Fuß des Berges, schon am Rand der Erschöpfung zu sein. Sie setzen sich immer wieder, ruhen sich aus und reden dabei miteinander, als wären sie sich ganz nahe, dabei liegt doch ein Berg zwischen ihnen. Jeder schleppt einen Sack voller Briefe und Zettel mit sich. Immer wieder lesen sie in den Briefen, auf den Zetteln, was sie längst auswendig wissen.
Es schneit ein wenig zu Beginn, später fällt der Schnee immer dichter. Als sie sich dem seltsamen Leuchten auf dem Gipfel zu nähern scheinen, hüllt ein Schneesturm sie ein.
Das seltsame Leuchten, der Mann, die Frau und all ihre Zettel und Briefe – alles liegt dann unterm Schnee.

DER MANN Gehen wir vorwärts.
DIE FRAU Ich geh keinen Schritt weiter.
DER MANN Das ändert ja nichts.
DIE FRAU Vielleicht. Vielleicht auch nicht.
DER MANN Gehen wir weiter.

Für einen Moment
vielleicht war es nichts weiter als eine vorübergehende Irritation

sieht es aus, als seien Mann und Frau und zwischen ihnen der pyramidenähnliche Berg nichts als der Inhalt einer riesigen Schneekugel.

Als wären allein auf der Welt: der Mann und die Frau. Sie sehen noch genauso aus wie auf dem Fest, das sie verlassen haben.

DIE FRAU Seltsam, wie man sich trifft.

DER MANN Und wo vor allem.
Es gibt Leute, die lernen sich im Karneval beim Maskenball kennen.

DIE FRAU Mein Onkel Franz hat seine Marie auf dem Friedhof kennengelernt. Das Grab seiner ersten Frau, das war Tante Anna: war das ein Theater, diese Beerdigung damals, Geheul und Gezeter, Anna ich komm, ich will zu dir, Anna Anna ich komm, hat er geschrien und wollte springen, zu ihr hinab, ihr nach ins Grab. Ach ja. Tante Annas Grab liegt neben dem Grab vom Verflossenen der Marie. Die beiden haben dann Gräberpflege betrieben, bis sie verheiratet waren.
Jetzt haben sie einen Friedhofsgärtner beauftragt.

DER MANN Meinem Bruder ist seine Frau buchstäblich in die Arme gefallen. Sie stand vor ihm im Bus, und der Bus fuhr los, eh sie sich festhalten konnte.
So fing es an.

DIE FRAU Seltsam, diese Anfänge alle.

DER MANN Und warum waren Sie heute abend da, wo Sie waren?
Nur Mut. Augen zu. Raus mit der Sprache.

Entfernt wird – wie durch einen Riß – die Kulturgesellschaft sichtbar: starr und steif und unbewegt und stumm und still.

Die Frau lacht.

DIE FRAU Weiß der Himmel, warum und weshalb man da oder dort landet.

DER MANN Der Himmel weiß gar nichts.

DIE FRAU Das ist auch wieder wahr.
Und Sie? Warum waren Sie da?

DER MANN Neugier bloß Neugier.
Was sind das für Leute, die sich treffen an so einem Abend; was ziehen sie an, wie gehen sie, stehen sie, reden sie, was essen sie, trinken sie, sind sie vergnügt und zufrieden und fröhlich oder gähnen sie dauernd und giften sich an. All das.
Ich brauche nämlich Statisten.

DIE FRAU Sie müssen mir schon wieder auf die Sprünge helfen.

DER MANN Ich vermittle Darsteller.

DIE FRAU Sie sind eine Agentur?

DER MANN So ähnlich.
Außerdem vermittle ich Stücke. So ergänzt das eine das andere.
Einerseits kommen die Leute, die etwas darstellen wollen, zu mir, und ich nehme sie auf in meine Kartei.
Schauspieler
männlich weiblich alt jung dick dünn mit Gehschaden ohne Haare Fistelstimme Krähstimme erotisches Timbre unkontrollierte Zuckungen unmotivierte Lachausbrüche jederzeit Tränen Bucklige Verwachsene Rückgratverkrümmte Zwergwüchsige Bauchredner Riesen . . .

Lautlos –
wie vom Himmel gefallen –
tauchen all diese auf; bedrängend, wild, teils obszön gestikulierend, scharen sie sich um das Paar.

DER MANN Schauspieler, die Laien darstellen, und Laien, die Schauspieler darstellen, Männer, die als Frauen auftreten, und Frauen, die als Männer auftreten, und Männer als Frauen, die Männer sein wollen, und Frauen als Männer, die Frauen sein wollen.
Ich könnte noch stundenlang weiter aufzählen, es gibt wirklich alles, jonglierende Opas und Omas, die beim Sprechen aus einer Zahnlücke seitlich pfeifend die Luft zischen lassen, Jünglinge, die sich wie die Wachspuppen biegen, Dauerrülpsende, Mädchen mit Lächelzwang.
Und dann habe ich noch,
bedenken Sie doch, keiner sonst hat das,
nirgendwo gibts das, nur hier, bei mir,
in meinem Kopf meiner Kartei:
einen panischen
man muß es so sagen wies ist
einen manischen
einen krankhaften, gelegentlich heiteren, ab
und zu traurigen, wie soll ich sagen,
einen Einaktler. Ja.

DIE FRAU Und was macht dieser, wie sagten Sie, Einaktler?
Was macht der?

DER MANN Einen Einakter nach dem anderen schreiben.
Jedenfalls nennt er es Einakter.

Jedes Problemchen, jedes Wehwehwechen: alles Einakter. In Stapeln
gebündelt geordnet, alles alphabetisch geordnet, alles liegt alles bei mir.

Im Hintergrund spielen Jongleure, Muskelmänner, Akrobaten, Seiltänzerinnen, Damen ohne Unterleib und krächzend Arien übende Damen und Herren ihr Spiel.

DIE FRAU Das haben Sie sich
ausgedacht alles, gerade jetzt.

DER MANN Nein nein. Oh nein. Ich verbringe doch damit mein Leben.
Und das Seltsame ist: alle kommen sie unter.
Steht einer vor mir, wie oft schon, trotzdem,
ich sage mir:
Diesmal nicht. Für den gibt es nichts, was soll der denn spielen, das geht nie und mit nichts und niemand zusammen. Es gibt schließlich Leute, für die es keinen Zusammenhang gibt.

DIE FRAU Und wenn ich . . .

DER MANN Ja?

DIE FRAU Zum Beispiel ich. Angenommen ich. Wenn ich zum Beispiel . . .

DER MANN Ja?

DIE FRAU Wenn ich zu Ihnen käme, gäbe es für mich . . . was gäbe es für mich?

DER MANN Ja ja . . .

Eine Mutter mit ihrer Tochter

DIE TOCHTER Er ist so besorgt. Er läßt mich keinen Schritt alleine gehn. Er wagt bloß nicht, mir seine Liebe zu gestehn. Ich werde bei ihm bleiben und ihn lieben.

DIE MUTTER Er ist doch fremd. Ein fremder Mann.

DIE TOCHTER Das macht nichts. Fremd sind doch alle. Er ist so behutsam. Nicht eimal ein Haar würde er je von mir fordern.

DIE MUTTER Es ist nicht gut, wenn einer gar nichts von dir will.

Die Tochter zeigt der Mutter eine Fotografie.

DIE TOCHTER Hier! Sieh ihn dir an!
Sieht er nicht aus wie ein wirklicher Engel?

DIE MUTTER Ich sehe ein Gesicht: zwei Augen, eine Nase und darunter einen Mund. – Ach Kind mein Kind liebes Kind.
Und warum liebst du ihn?

DIE TOCHTER Ich habe mich dazu entschlossen.

DIE MUTTER Wenn er es vielleicht gar nicht will?

DIE TOCHTER Ich will, daß er es will. Und ich bin sicher, er will es.

DIE MUTTER Und wenn nun doch nicht?

DIE TOCHTER Ich will ja gar nichts von ihm. Nur seine Nähe. Er kann mit einem einzigen Wimpernzucken die ganze Welt eroberen.

DIE MUTTER Und dich zerstören.

Vögel zwitschern. Grillen zirpen.

DIE MUTTER Männer!

Sei still. Erzähl mir nichts. Kennst du einen, kennst du alle.

DIE TOCHTER Er ist anders.

DIE MUTTER Alle sind immer erst anders.

DIE TOCHTER Er ist immer strahlend. Er ist nicht wie die andern. Er spricht viele Sprachen.

DIE MUTTER Keine Kunst als Sprachlehrer.

DIE TOCHTER Ich meine es anders. Er redet in meiner Sprache mit mir.

DIE MUTTER Also du denkst, du hast dein Glück gefunden?

Achjeh! Mein Kind. Jejeh! Armes Kind. Ohje!

DIE TOCHTER Jammere nicht so und schrei nicht. Wo steht geschrieben, daß es mir auch so gehen soll, wie es dir und der Großmutter und der Urgroßmutter ging?

Vielleicht hat mich das Glück getroffen!

DIE MUTTER Es wird schrecklich werden. Und wer zum ersten Mal aus dem Glück stürzt, der stürzt so schwer und unheilbar. Später dann hat man wenigstens Übung darin.

Grillen zirpen. Vögel zwitschern.

DIE TOCHTER Er hat sich seit Tagen ...

DIE MUTTER Ja was denn?

DIE TOCHTER Wenn ich genau überlege, seit Wochen schon ...

DIE MUTTER Was denn seit Wochen?

DIE TOCHTER Nicht mehr gemeldet.
Kein Brief, kein Wort mehr und nicht einmal ...
nichts mehr von:
Liebste, dein Duft ach deine Haut Liebste und ach deine tiefen, Liebste, so dunklen ...

DIE MUTTER Tiefen und dunklen?

DIE TOCHTER Liebste, sagte er, ach deine tiefen, so dunklen ...
Ich weiß es nicht mehr.

DIE MUTTER So tiefen ... Hat er auch ...
feucht? Etwas vom Feuchten?

DIE TOCHTER Wieso denn? Was feuchten?

DIE MUTTER Hat er ... jeder mir früher ... dir etwas etwas wie feucht? War es das?

Es wird wieder Abend.
Blutrot färbt irgendein Himmel sich.
DIE MUTTER Bald wird es Nacht.

Der blutrote Himmel läßt
wie im Schlaf, wie im Lied, die berühmten, die
bunten Blätter fallen.
DIE MUTTER Es muß Herbst sein.

Schon wieder
DIE TOCHTER *Sie wird ganz plötzlich und so, als wärs zum letzten Mal,*
als ahne sie eben zum ersten Mal
was die Mutter schon weiß:
sie wird heftig und noch
einmal verzweifelt fast.
Irgendwann . . .
Ja dann. Dann.
Weiß ich ja weiß ich doch: Daß
irgendwann wieder Ruh wieder alles, als wär nichts
geschehn irgendwann wieder sein wird. Das weiß ich.
Und daß, was wie Himmel mir war, was Hölle jetzt ist
später dann, irgendwann
ja nicht wirklich Himmel, und daß Hölle jetzt
später, wenn alles längst schon vorbei ist
ja doch nicht ganz Hölle . . .
Weiß ich, weiß jeder. Und doch
und doch und doch: Himmel bleibt Himmel und Hölle
ist Hölle
und Sonne nicht Mond.

Und wieder:
Eine Frau und ein Mann.

DIE FRAU *Zerrt ihre großen, dunklen, ihre fast schwarzen Lippen in ein gewaltiges, ein gesichtsloses Lächeln hinein.*
Damals. Ach damals ...
Eines Abends, besser gesagt, eines seltsamen Abends, eines
sehr seltsamen Abends sogar ...
Es war ein Montag, ich weiß noch genau –

DER MANN *Zerrt mit sich ein an den Händen gefesseltes Kind, wirfts auf die Erde und tritt, und sein Gesicht ist traurig dabei, das an der Erde liegende, das gefesselte Kind.*
Sei still! Hörst du! Und heul nicht!
Ich will nichts mehr hören. Keinen Ton! Hörst du!

DIE FRAU *Mit gewaltigem Lächeln wendet sie sich ab.*
Eines Montagabends also
lernte ich Herrn Müller kennen.
Herrn Müller – wie konnte ich ahnen, was alles verborgen
war in Herrn Müller.
Eines seltsamen Montagabends also
trat Herr Müller in mein Leben. Da verging mir der Frohsinn.
Leb wohl, leichtes Leben, hab ich mir bald schon sagen müssen.

DER MANN *Zerrt das Kind wieder hoch und wirft es wieder zur Erde.*

Schluß jetzt. Aufhören.
Schluß

Noch immer wimmert das Kind.

DIE FRAU Sieben Katzen hatte Herr Müller.
Und – seltsam – alle waren sie blind.
Du hast den Herrn Müller gewollt
jetzt hast du ihn, habe ich mir gesagt.
Später, als ich mich nicht mehr abwenden konnte . . .
Die Katzen: alle so blind; das wimmernde Kind . . .

DER MANN *Tritt wieder das Kind. Er tritt es noch und noch einmal und wieder und wieder, wieder wimmerts.*
Ich will nichts mehr hören. Keinen Ton.

DIE FRAU *Ihre fast schwarzen Lippen lächeln gewaltig. Sie wendet sich Herrn Müller zu.*
Laß dieses Kind in Ruh! Binde es los.
Sofort.

DER MANN Du hältst den Mund. Kein Wort.

DIE FRAU Sofort
läßt du das Kind
Sonst kratz ich
dir, wie du den Katzen, deine Augen blind.

Später dann hat er uns umgebracht. Das Kind zu Tode getreten und mich erwürgt.

Der blutrote Himmel.

DIE TOCHTER Ist alles, was ich gehört habe, wahr?
DIE MUTTER Du weißt, daß es wahr ist.
Worauf wartest du noch?
DIE TOCHTER Ich warte auf nichts.
Aber ich habe Angst.
DIE MUTTER *Streicht der Tochter weiter übers Haar – vergessen, verlassen, verlorengegangen im Traum von Mutter und Kind.*
Dann hält sie der Tochter ein spitzes Messer und ein rotes herzförmiges Pillendöschen vor die Augen.
Hier
ist ein Messer. Hier
ist das Gift.
Du kannst wählen.
DIE TOCHTER Aber ich habe Angst.
DIE MUTTER Sieh mich an. Sieh mich genau an.
Töte dich. Oder: werde wie ich.

Ein Mann in Handschellen.

DER HANDSCHELLENMANN Ja. Es fing mit Miederwaren an.
Pause.
Ich habe sie gestohlen. Ja. Das stimmt.
Dann sind mir Miederwaren fad geworden.
Ja. Das ist richtig. Die Damenunterwäsche kam danach.
Auch Damenstrümpfe. Ja.
Ja. Auch gestohlen. Ja.
Pause.
Teils aus Geschäften; teils bin ich losgezogen nachts.
Ich war oft unruhig und konnte nicht schlafen.
Wo Wäsche an der Leine hing, hab ich mir Damensachen, Strümpfe ausgesucht und mitgenommen.
Pause.
Ja. Der Wäschereiz war leider schnell vorbei.
Pause.
Und dann? Dann waren Damenschuhe dran.
Ja. Auch gestohlen. Ja.
Nein. Nein, man hat mich nie erwischt.
Ich war geschickt. Schon immer. Schon als Kind.
Pause.
Auch Damenschuhe fesselten mich nicht auf Dauer.
Danach?
Schaufensterpuppen hab ich mir besorgt.
Eine für jedes Zimmer, für Küche und Bad.

Daß ich nach Lust und Laune mit jemandem hab reden können.
Pause.
Ja. Alle Miederwaren, die seidene Wäsche, die Strümpfe, alle Schuhe hab ich zu Hause aufbewahrt.
Das stimmt.
Warum?
Pause.
Jaja. Warum?
Für Notfälle vielleicht.
Aber Puppen waren sind und werden immer Puppen sein und bleiben.
Pause.
Die Beinprothesen, von Beinstümpfen die Abdrücke aus Gips, lagen mir damals eher.
Den Prothesen Strümpfe anziehen – ach – und sie in Stöckelschuhe stellen . . . nein, nein, das war nicht nur Lust.
Was es war?
Ja, was war es?
Fast wars wie Glück.
Die Fotos? Meine Beinprothesen in den Stöckelschuhen?
Ja, warum? Wie soll ich sagen?
Auch Familienväter machen doch unentwegt Fotos von Frau und Kind und Haus und Hund und Garten; von dem halt, was sie lieben.
Mit den Prothesen, ja, da war ich lang zufrieden.
Mit der Länge der Zeit hat aber doch etwas gefehlt.
Pause.

Dann – ich habs in meinem Kopf schon oft und oft getan:
Es war Nacht.
Was dann geschah – ich habe lang versucht, es zu vermeiden.
Es war ja aber Nacht.
Pause.
Wie selbstverständlich bin ich in die Leichenhalle.
Einer Toten, ja stimmt, jaja, hab ich den Unterschenkel abgenommen.
Damals.
Ja. Damals war es zum ersten Mal.
Mit einem Messer, mit einer Säge. Wie sonst?
Dem Unterschenkel habe ich zu Hause, ganz in Ruh, die große Zehe amputiert.
Wie? Was? Verrückt?
Neinnein. Fast wars doch Glück.
Hier in der Umgebung? Ja, das stimmt. Ja, richtig. Ich hab fast alle Leichenhallen aufgesucht.
Pause.
Woher das Glück beim Amputieren kommt?
Woher?
Was weiß denn ich? Woher?

Und wieder
als wären allein auf der Welt: der Mann und die Frau.

DER MANN Wir fuhren durch eine Landschaft.
Ich hatte das Gefühl: so war das alles schon seit je. Die Sonne schien, die Luft – das tanzte. Genausogut hätt es auch regnen können.
Auf einem Berg stand die Ruine. Und alles war so selbstverständlich wie es war.
Sie aber Sie! Sie wollte keine Ruhe geben. Ob ich glücklich sei, will sie wissen; jetzt, in diesem Moment, und wirklich glücklich.
Meine Güte. Ich hätte sie so gerne erwürgt.
DIE FRAU Erst neulich habe ich nachgedacht. Mir kommen manchmal seltsame Gedanken: Was denn wohl wäre, wenn er tot wär plötzlich. Und ich wußte genau: nichts wäre; nichts. Gar nichts. Das war das Schlimmste.
Oder wenn er daherkäme mit einer Geliebten. Früher hätte ich ihn getötet: ganz bestimmt hätt ich ihn umgebracht. Und heute wär es mir vollkommen egal.
Das ist fast schlimmer als Umbringenwollen, denn dazu braucht man doch einen Rest von Gefühl.
Dazu gehört schon Gefühl. Zum Umbringen.
Ich hab seit Jahren kein Gefühl. Und ich hab nicht einmal bemerkt, wie es verschwand.

Lange sehen sie sich an: der Mann und die Frau.

DIE FRAU Was sehen Sie mich denn so an?

DER MANN Ihr Gesicht . . .

DIE FRAU Ich weiß, was Sie sehen, und ich kenne die Spuren. Ich bin auch müde.

DER MANN Dann gehen Sie schlafen.
Aber das ist es nicht. Nein.

DIE FRAU Was ist es denn?

DER MANN Schlafen Sie jetzt. Und morgen . . .

DIE FRAU Sonnenschein Sonne.
Ich weiß, daß Sie sogar das Wetter machen können.

DER MANN Vielleicht. Vielleicht nicht. Aber ich weiß aus Erfahrung: Eines Tages findet sich immer etwas. Noch denkt man, dieser Mensch, das ist so einer ohne Zusammenhang ist dieser Mensch, für den wird sich nichts finden. Und dann
findet sich eben doch
überraschenderweise wieder ein Zusammenhang – sogar für so einen Menschen.
Zum Beispiel in diesem Stück . . .

Leise erklingt ein Straußenwalzer. Oder ist es Musik von Joseph Lanner?

DIE FRAU In welchem Stück?

Die erstarrte Kulturgesellschaft im Hintergrund wiegt sich sachte wieder ein. Das alte Rederitual wiederholt sich so gleichmütig wie zu Beginn.

DER MANN Für das ich mir vorher, auf diesem grausigen Fest, die Statisten angesehen habe.

DIE FRAU Sie meinen die Leute?

DER MANN Egal.

Im Hintergrund die Damen und die Herren der Kultur stehen, sich wiegend in walzerzarter Harmonie, im hellen Licht.

Fast im Dunkel, noch immer, sind Mann und Frau am alten Platz.

Während der Mann der Frau das Stück zu erzählen, gar zu erklären versucht, schiebt sich das kulturelle Wachsfigurenkabinett, träge träge sich wiegend, nach vorn.

Die Dornröschenwalzerschlafharmonie wird hin und wieder – in kurzen schmerzhaften Rissen – durch wenige Takte eines unerbittlich harten Marsches und zackiges Stiefelgetrappel gestört. (Der berühmte Blitz aus heiterem Himmel.) Dann nimmt die verschlafene Walzerharmonie wieder ihren Fortgang.

DER MANN Im Mittelpunkt des Ganzen steht ein Fest zur Rettung und Ehre unserer Kultur. Abendländische Kunst im bengalischen Feuer. Auf diesem Fest wird nämlich gleichzeitig das Erscheinen eines Buches, eine Theaterpremiere, die Fertigstellung eines dreiteiligen Tafelbildes und die Uraufführung eines Streichquartetts gefeiert. Die Idee soll wohl sein, daß die Vorführung all dieser Einzelkünste eine Art übergreifendes Neukunststück ergeben soll. An diesem Fest nehmen vierzig bis fünfzig Leute teil. Die müssen sich dauernd bekanntmachen, dabei kennen sich alle schon, jedenfalls müssen sie so tun und sich begrüßen, als wär es erst gestern gewesen, dabei haben sie sich Ewigkeiten nicht mehr, oder sie müssen ganz fremd tun und lagen doch morgens noch gemeinsam im Bett, und müssen sich halt so verhalten, wie man sich so verhält.

Die Kulturgesellschaft, die dem Paar im Dunkel näher und näher rückt, ist inzwischen wieder zu ihrem Leben erwacht: Gläserklingen, Handküsse, spitze Lacher, Wangenküsse, Umarmungen, die im Rahmen bleiben, Gemurmel. Fast unverändert und wie von selbst entfaltet sich das bekannte Rederitual.
Der Mann redet dagegen an. Er will der Frau weiter und weiter und bis zum Ende erzählen.

DER MANN Zwischen diesen Kulturdamenherren sollen, zunächst vereinzelt und schnell vertuscht, später aber immer unverblümter, die üblichen Szenen aufflackern, wobei ein Teil dieser Szenen, was aber keiner merken soll, und natürlich merkt es auch keiner, die Wiederholung von Szenen der an diesem Abend gefeierten Theaterpremiere sein soll.
Kurz und gut: die alte Schachtel-in-der-Schachtel-Konstruktion.

Inzwischen kann man auch wieder das Tafelbild, das kalte Büfett, die vier Herren im Frack mit ihren Streichinstrumenten erkennen.
Wieder einmal sieht alles aus wie einst.

Und Mann und Frau mischen sich, ihre Unterhaltung weiterführend, wieder in die Kulturgesellschaft ein.

Dort spielen sich merkwürdige Szenen ab.

DER MANN Natürlich ist diese Schachtelkonstruktion, wie jede Neuigkeit, die tausend Jahre oder noch älter ist, wieder einmal ganz anders, um und um gedreht und gestülpt und gewendet. Also beileibe um Gottes Willen nicht die alte Schachtel in der Schachtel . . .

Zwei Herren im Gespräch.

1. HERR Guten Abend, mein Lieber.
2. HERR Ach, sieh einer an! Sie also auch?
1. HERR Ja natürlich. Wer nicht?
Sie doch auch.
2. HERR Wahrlich wahrlich. Man muß sich nur umdrehen . . .
1. HERR Und hat schon wieder ein altbekanntes Gesicht vor der Nase.
2. HERR Eben eben. Wahrlich wahrhaftig.

Neben den beiden Herren taucht eine verhärmte Dame im dunklen Kostüm auf.
Der zweite Herr wird nervös.
Er wendet sich vom ersten Herren ab.

2. HERR Bitte entschuldigen Sie mich kurz.

Er geht auf die verhärmte Dame zu.

DER MANN Die Schachtel müsse man, das steht im Motto, neue Stücke haben meistens jetzt wieder ein Motto, aber natürlich kein Motto, wie Motto einst war. Jedenfalls neuerdings jedenfalls: Motto ist wieder Mode. Und dieses Motto hier sagt uns: Falsch ist der Blick in die Schachtel hinein in die nächste und immer weiter nach innen bis schließlich die kleinste

Schachtel nur noch ein Punkt ist, der sich verflüchtigt. Hinaus in die Welt soll der weite, der offene Blick hinaus und hinweg über die Schachtel.

Der zweite Herr; die sehr verhärmte Dame.

2. HERR Wie schön, Sie zu sehen.
Sie werden von Mal zu Mal jünger.

DIE VERHÄRMTE DAME Vielleicht sollten Sie gelegentlich nach ihren Augen sehen lassen. Sehschwächen nehmen, gerade in Ihrer Altersgruppe, rapide zu. Hab ich mir sagen lassen. Oder aber Sie lügen brillant.

2. HERR Was ich Sie lange schon fragen wollte – andererseits wollte ich es Ihnen nie sagen –, und doch, Sie sehen wirklich blendend aus, möchte ich Sie jetzt fragen:
Wissen Sie eigentlich, daß Ihr Mann seit langem ein Verhältnis mit meiner Frau . . .

DIE VERHÄRMTE DAME Leute mit Phantasie habe ich immer bewundert. Sie sollten Romane verfassen. Mein Mann und Ihre Frau – bitte, ich hab nicht das geringste gegen Ihre Frau. Aber mein Mann stellt doch gewisse Ansprüche. Frustrierte Gattinnen sind, wie ich ihn kenne, nicht gerade sein Fall.

2. HERR Vor zwei Tagen habe ich die beiden – vor Wut habe ich einen Zaunpfahl aus dem Gartenzaun gerissen – aus dem Ehebett geprügelt.

DIE VERHÄRMTE DAME Werden Sie nicht geschmacklos.
Und machen wir um Gottes Willen keine Szene hier.
Kommen Sie morgen vorbei.
Vermutlich ist die ganze Affäre

nichts
als ein Windei.
Kommen Sie morgen vorbei.

2. HERR Ein Windei, das sich zwei oder noch mehr Jahre hält, muß doch ein sehr leidenschaftliches Windei sein. Meinen Sie nicht?

Die verhärmte Dame lächelt, verneigt zum Abschied klosterschülerhaft das Köpfchen und geht auf einen anderen Herrn zu.

DIE VERHÄRMTE DAME Dauernd weichst du mir aus. Bitte sage mir doch: ob du überhaupt, und wenn ja, was für eine Lebensperspektive du hast.

DER HERR Ich lasse mein Haus verputzen. Gestern hab ich die Handwerker bestellt. Nach langem hin und her habe ich Schwarzarbeiter engagiert. Ich weiß, das untergräbt die Arbeitsmoral; aber es kommt billiger.

DIE VERHÄRMTE DAME Und weiter reichen deine Pläne nicht?

DER HERR Ich bin ein Mann der kleinen Schritte.

DIE VERHÄRMTE DAME Und mir vergehen die Jahre im Flug und nehmen kein Ende.

DER HERR Im übrigen will ich von Zukunft nichts wissen.
Ich hab dir das von Anfang an gesagt.

Die verhärmte Dame geht zum kalten Büffet. Während sie wahllos verschlingt, was ihr in die Finger kommt, starrt sie auf das Tafelbild.

Ein älterer Herr kommt dazu, sieht ihr zu, scheint sich an ihrer

Gier zu freuen, nimmt ein paar Oliven und faßt sich schließlich ein Herz.

EIN ÄLTERER HERR Sind Sie
in Begleitung oder allein?

DIE VERHÄRMTE DAME Begleitung! Gibt es dieses Wort also noch?
Natürlich bin ich allein.
In meinem Alter ist man hierzuland und heutzutag entweder allein oder zu zwein.
Ich bitte Sie: in Begleitung sein – schließlich bin ich kein Tanzstundenfräulein.
Schon lange schon lang schon nicht mehr.

EIN ÄLTERER HERR Sie sind so blühend, so sprühend; so voller Leben. So glühend.

DIE VERHÄRMTE DAME Neulich schrie ein Besoffener hinter mir her.
Hallo Susi, hallo süße Susi, schrie er.
Als ich siebzehn war, war einer dauernd hinter mir her.
Der konnte meinen Namen nicht leiden und hat mich Susi genannt.
Damals, ach damals
hab ich ihn ausgelacht. Susi – Himmel, war auch wirklich zu blöd. Susi!
Damals, ach ja.
Ich hab ihn ausgelacht. Und nun schreit nach Jahrzehnten ein Besoffener – Susi, hallo süße Susi – hinter mir her. Und überwältigend fällt die Zeit über mich her:
Damals – die Zeit, als die Liebe noch schön war.

EIN ÄLTERER HERR Waren Sie nie verheiratet?

DIE VERHÄRMTE DAME Himmel, wo leben Sie eigentlich. Mein Mann hat ein Verhältnis mit der Gattin des Herrn, den Sie dort drüben stehen sehen. Und ich war bis eben noch liiert mit diesem graumelierten Monster, das halbschräg hinter Ihnen dieses ahnungslose kleine Mädchen küßt. Und der Veranstalter, dessen Gäste wir alle sind, diese dreckige Ratte, hat mich vor ewigen Zeiten um mein ganzes Vermögen gebracht. Damals hab ich mein Haus, meinen ganzen Besitz, alles bis zum letzten Teetopf verloren.
Jetzt hat er eine reiche Frau –
mit ihrem Geld, dem riesigen Vermögen,
entdeckt er,
aus heiterem Himmel plötzlich ein Blitz,
entdeckt seine Liebe zur Kunst.
Ihm verdanken wir immerhin heute abend dieses Spektakel. Soll ich noch weitermachen? Wer wem schon untern Rock oder in die Hose griff?

EIN ÄLTERER HERR Um Gottes willen. Nein, oh nein. Warum machen die Leute das?

DIE VERHÄRMTE DAME Aus Langeweile, nehme ich an, und weil es Spaß macht. Und weil – ach nein, das ist meine private Ansicht, damit will ich Sie nicht behelligen.

EIN ÄLTERER HERR Sie behelligen mich durchaus nicht. Ich habe wohl ein wenig den Anschluß an die Gegenwart verpaßt . . .

DIE VERHÄRMTE DAME Keine Sorge. Da haben Sie nicht viel versäumt.

EIN ÄLTERER HERR Ja. Dann werde ich mich jetzt doch umsehen.

DIE VERHÄRMTE DAME Viel Spaß! Und geben Sie acht, daß Sie morgen früh nicht auch im falschen Bett erwachen.

Die Herren, die Damen; und alle wollen sie sich etwas zu sagen haben müssen.

1. HERR Lesen. Lesen. Schön und gut.
Ich lese gern. Ich lese mit Freude, ich les und vergeß Frau und Kind und Haus und bin der Einsame Alte auf dem verlassenen Hof, bin ein Gipfelstürmer, wie er im Buch steht, bin der Mächtige oder Machtlose, bin Frauenheld und verlassene Frau, ein freches Kind, Wind aus den Bergen bin ich, ein tiefer See, wies eben kommt in den Büchern, den guten – versteht sich.
Ohne Lesen wäre ich nicht, was ich bin. Ich bin nicht ich ohne das Buch. Und ich bin gern, was ich bin. Also ist Lesen, wenn ich mich mal so pathetisch ... Lesen ist Leben.

2. HERR Wir sind uns vollkommen einig. Ich lese, es geht mir wie Ihnen, womit ich Ihnen aber nicht zu nahe ...

1. HERR Ich bitte Sie. Sie lesen. Ich lese. Was soll daran nahe? Wer? Wem? Wo?

2. HERR Natürlich. Sie haben vollkommen recht. Ich lese also gerne. Nur lese ich in den Büchern der neueren Zeit dauernd und immer und ewig, wie wieder einmal ein Rentner vom Baum fällt – Sie verstehen, alles Dinge dieser, sagen wir mal, chinesisch-weisheitlichen Richtung; also: der Rentner fällt vom Baum wies Blatt, undsoweiter. Nach dem fünfzigsten oder hundertsten Vom-Baum-gefallenen-Rentner-werk ist mir dann, unter uns gesagt, der leinengebun-

dene Rentnerfall so langweilig wie der kartonierte, und ob nun experimentell oder traditionell der Rentner als Blatt, das vom Baum fällt, erzählt wird: Ich sage nur noch – ein Mann mit siebzig, in einem anderen Fall war er achtundsiebzig, gehört nicht mehr auf einen Baum.

EINE DAME Wo kommen Sie denn her?

EIN HERR Ich war unterwegs. Luft schnappen, Beine vertreten. Kopf durchpusten lassen. Dann sah ich euch, hier an den Fenstern stehen. Ein buntes Völkchen – hat man von außen den Eindruck. Ich dachte: endlich; hier ist endlich was los.

EINE DAME Und eigentlich ist gar nichts los.

EIN HERR Das habe ich inzwischen auch gemerkt. Wieder mal sahs bloß von außen so aus. Es geschieht einfach gar nichts.

Der Mann redet noch immer auf die Frau ein, die aber nicht mehr zuzuhören scheint; vielmehr mustert sie unverhüllt und sehr direkt die Anwesenden.

DER MANN Ums kurz zu machen: der Abend soll immer witziger, immer launiger werden. Ein Mensch liest vor aus einem dicken großen Buch, keiner begreift auch nur das geringste. Die alten Kulturhasen retten sich ins unverbindlich-amüsierte Lächeln. Aber der Text wird im Verlauf der Lesung immer abstruser und abwegiger, so daß die Gesellschaft still aber entschlossen beschließt, die Lesung für einen Teil der angekündigten Szenen des eben erst uraufgeführten Stückes zu halten.

Die Frau läßt den Mann stehen, der dennoch weiterredet, als stehe sie noch neben ihm.

DER MANN Immer lauter sollen die alten Gespräche werden. Die Weine, die Grappas, die Cognacs führen zu merkwürdigen Wiederholungszwängen, bis schließlich jeder immer wieder die gleiche Geschichte erzählt, an der nur der Erzähler selbst noch Interesse hat; die anderen warten, wie immer, bloß auf das Ende der Geschichte, um endlich anfangen zu können mit der eigenen Geschichte.

Die eingeschobenen Theaterszenen und die Lesung, die ja vielleicht auch ein Theater war, und gar das dreiteilige Tafelbild, hinter das keiner kommt, das keiner durchschaut, das aber doch von jedem erklärt, analysiert und eingeordnet wird – all das fügt naht- und bruchlos sich ins übliche Geschwätz . . .

Der Mann sieht sich um nach der Frau. Allein steht sie da und beobachtet mit eisiger Miene ihre Umgebung.
Der Mann geht, ganz wie einst, auf die Frau zu.

DER MANN Guten Tag.

DIE FRAU Guten Abend.
Helfen Sie mir auf die Sprünge:
Ich glaube, ich kenne Sie nicht, oder doch?

DER MANN Wie sind Sie denn hierher geraten?

DIE FRAU Das weiß der Himmel.

DER MANN *lacht.* Das wissen Sie doch, daß der Himmel gar nichts weiß.

DIE FRAU Ich habe sowas schon gehört. Haben nicht Sie mir schon einmal so etwas Ähnliches gesagt?

Der Mann und die Frau lachen.

DER MANN Steht da herum wie ein Eisschrank mitten unter den Leuten und plappert und plaudert und nippt am Gläschen, nickt hierhin und dahin, und ist weiß der Himmel wo, bloß nicht da, wo sie steht und sich die Lippen zu den Ohren zieht, damit es aussieht wie Lachen.
Warum lachen Sie eigentlich dauernd?

DIE FRAU Ich lache doch gar nicht.

DER MANN Das seh ich doch.

DER MANN Kommen Sie. Gehen wir.

Der Mann legt der Frau den Arm um die Schultern. Sie stellen die Gläser ab; dann gehen sie zurück zu ihrem alten Ort im Dunkel.

Die Kulturgesellschaft nimmt davon keine Notiz.

Das Fest hat eine gewisse Eigendynamik gewonnen und feiert sich sozusagen selbständig weiter.

DER MANN *im Dunkel zu der Frau* Ums kurz zu machen: der Abend nimmt den üblich gräßlichen Verlauf. Die alten Gespräche drehen ewig sich im Kreis, die Paare geraten wegen nichts sich in die Haare, Freunde, Bekannte, all diese hereingeschneiten, vom Himmel gefallenen Menschen, lachen schrill ohne Grund müssen sich küssen bekleckern vor Freßgier sich mitten in unserer Kultur die kostbaren Gewänder, küssen sich küssen sich, und geraten dann wieder in Streit . . . Die Einzelheiten erspare ich Ihnen. Sie kennen das alles.

DIE FRAU Erzählen Sie mir trotzdem alles. Ich hör es immer wieder gern.

DER MANN Später vielleicht später einmal.

Zuerst erzähl ich noch in groben Zügen, worum es geht.

Kahle Gegend mit Berg.
Der Mann und die Frau sind inzwischen etwas höher gestiegen. Jeder hat sich erschöpft auf seiner Hangseite niedergesetzt. Und wieder reden sie, obwohl der Berg zwischen ihnen liegt, ganz so, als säßen sie nahe beieinander.
Das Schneetreiben ist dichter geworden.

DIE FRAU Warum bleiben wir nicht einfach sitzen?
DER MANN Wir wollen uns treffen. Das wissen Sie doch.
DIE FRAU Ja.
Und dann, lassen Sie mich dann auch wieder diese Kapriolen schlagen? Für nichts?
DER MANN So wird es wohl kommen.
DIE FRAU Lassen mich ganz lächerlich und ganz überflüssig drehen und drehen . . .
DER MANN Sie wissen es doch.
DIE FRAU Und mich mit Herzklopfen und atemlos fragen: Mach ich es richtig so? Gefällt es dir so? Oder soll ich mich vielleicht doch etwas öfter überschlagen? Oder noch den post-mortalen Salto? Oder bloß einfach drehen und drehen. Gefallen dir meine Pirouetten?
DER MANN Warum fragen Sie immer noch, wenn Sie es doch längst wissen.

Der Mann und die Frau.
Der Mann lächelt mit dämlichem Verliebtenblick. Die Frau lächelt zurück.

DER MANN Was wollte ich eigentlich sagen?
DIE FRAU Sie wollten mir erklären, worum es geht.
DER MANN Worum es geht?
DIE FRAU Das Stück. Das kulturelle Fest.
DER MANN Jaja. Natürlich.
Übrigens hab ich wie immer nicht ordentlich der Reihe nach erzählt. Ich habe in der Mitte angefangen; mitten im Fest. Genaugenommen besteht ja auch das ganze Stück aus nichts als diesem Mumienabend. Wenn man absieht von den Beiseitegesprächen und von den Nebensträngen, die sowieso immer nichts und alles bedeuten. Allerdings ist dem Ganzen, und das hab ich vergessen, Ihnen zu erzählen, etwas vorangestellt – früher nannte man es das »Vorspiel«.

Während die beiden nun weiterreden und reden, erscheinen vereinzelt, wie Erinnerungen an früher, die Bilder des Anfangs.

DIE FRAU Ach gute Güte, bloß das nicht. Stundenlang sichs Knie kitzeln den Nacken kraulen sich diese Stellen, die empfindlichen, oder wie man sagt, erregbaren, damals in unserer forschen, war das eine Zeit, als wir für alles den passenden Namen, damals sagten wir Zonen, die Ansprechpunkte, mach ich hier piep machst du da fiep, sich absuchen lassen müssen. Alles, alles, bloß das nicht.

Vorspiel – von mir aus, bloß ohne mich.

DER MANN Auf dem Theater. Vorspiel auf dem Theater.

DIE FRAU Stimmt.

Stimmt genau. Die ganze Vorspielerei: nichts als Theater. Bei Liebhabern obendrein die, keine Ahnung vom Handwerk, ganz routiniert, ganz professionell tun müssen, die Ärmsten, runter die Wirbelsäule und wieder rauf, beißen sie dir, du ahnst nichts Böses, plötzlich in die große Zehe, die linke natürlich, man weiß ja. Von wegen Vorspiel – Oberammergau bestenfalls, Pfadfinderspielschar.

DER MANN Gemeint ist – jedenfalls in diesem Stück ist mit Vorspiel gemeint eine Szene, die mit der Handlung im Grunde gar nichts zu tun hat, die bloß dahin führen, Erwartungen wecken, einstimmen soll.

DIE FRAU Sag ich ja. Wie im Leben . . .

DER MANN Da tritt zum Beispiel, schnell und entschlossen heißt es im Text, tritt eine Frau aus einem Haus, das im Bühnenhintergrund riesig
keine Tür blinde Fenster
hat dieses riesige,
riesige Bühnenhintergrundhaus.

DIE FRAU Und dann? Die Frau?

DER MANN Soll aus dem Haus also treten und auf dieses Fest, mit dem das Stück mit dem gehörigen alten Geknatter, Geplapper, dann eigentlich erst, also hineintreten in den Anfang des Stücks soll sie wollen; soll also die Frau soll auf dieses Fest wollen und zwar so soll sie wollen, daß jeder spürt: dahin, wo sie wollen soll, hinein in den Anfang, will die doch nie und nimmer und nicht.

DIE FRAU Schwierig. Stell ich mir vor.

DER MANN Eigentlich kaum zu machen. Dabei fangen die Schwierigkeiten ja später erst an.
Aber dann fand ich in meiner Kartei genau diese Frau. Ohne wenn ohne aber: das war sie; die Frau, die immer sollte, was sie nicht wollte.

DIE FRAU Wunderbar. Es geht also doch.

DER MANN Aber genau die – so wie sie hätte keine je dieses Wollen-ohne-zu-wollen gespielt –, ausgerechnet die hat dann Skrupel bekommen.
Weg. Aus. Niedergelegt ihre Rolle.
Vorbei.

DIE FRAU Warum?

DER MANN Lang und breit und von vorne bis hinten hat sie alles durchgekaut und erklärt: aber ich habe kein Wort verstanden.

Im Hintergrund ein riesiges Haus.
Keine Tür. Blinde Fenster.
Die Klappläden verrottet.

Die Frau steht auf und geht auf das Haus zu.

DIE FRAU Man ahnt nichts am Anfang. Man hat sein Handwerk gelernt; wie man sich eine Rolle erarbeitet und sie dann schließlich spielt, das kann man ja alles. Wir bekommen ein Stück in die Finger, erfahren, wer welche Rolle
und versuchen zu spielen.
Dieses Stück, damals
es spielte am Abend, in schwerer Hitze ein Fest, und die Handlung schien ganz alltäglich, das heißt, eigentlich bestand das Ganze aus einer Reihe von unbegreiflichen Absonderlichkeiten, und genau das machte diesen alltäglichen Eindruck.
Jedenfalls sollte ich vor Beginn der ersten Szene des ersten Aktes, ganz am Anfang also und vor der schweren Hitze des Abends sollte ich aus der Tür eines Hauses treten, schnell und entschlossen ein paar Schritte vorwärts, ja es war vorwärts, sollte ich gehen schnell und entschlossen und stehenbleiben dann plötzlich auf mein nacktes Handgelenk starren und einen Menschen, der wie zufällig vorbeigehen sollte, diesen zufälligen Menschen sollte ich fragen: Wie spät ist es bitte?

Ich gebe zu, selbst der unbegabteste Darsteller bewältigt mühelos solche Szenen. Die Situation ist überschaubar und leicht zu verstehen: ich will irgendwo hin und will pünktlich da sein, also will ich nachsehen, wie spät es ist, um je nachdem schnell oder langsam zu gehen, und als ich bemerke, daß ich ohne Uhr bin und nun gerade ein Mensch vorbeigeht, der vielleicht nicht ohne Uhr ist, frage ich ihn: Wie spät ist es bitte? Das ist lächerlich leicht zu verstehen.

Ich hätte nicht lange fragen sollen. Man tritt aus dem Haus, läuft los, weiß nicht, was hat die Stunde geschlagen und will es erfahren. Das ist alles. Da ist nichts weiter dran.

Ich aber fing an mich zu fragen: wie trete ich aus dem Haus und warum überhaupt trete ich aus dem Haus, denn die Art und Weise meines Aus-dem-Haus-Tretens würde bestimmt werden vom Grund meines Weggehens und dieser Grund wiederum so dachte ich, damals schien mir das schlüssig, dieser Verlassensgrund liege im Ziel meines Gehens, wohin also ging ich so schnell und entschlossen, nie habe ich herausfinden können, wohin ich eigentlich ging, denn in diesem Stück, so alltäglich es war und das heißt, es war verworren und dunkel sogar in den Szenen am hell erleuchteten grellen hitzigen Abend, es gab da für nichts, was passierte, einen zwingenden Grund, und der Mensch müsse doch, so jedenfalls dachte ich damals, als ich das Aus-dem-Haus-Treten übte, einen Grund haben für das, was er tut, und wissen, wohin er geht so schnell und entschlossen, oder er müsse zu-

mindest so tun
augenzwinkernd von mir aus und doch wie vertrauend darauf
es habe schon alles seine im Himmel oder auch in der Hölle, den Sternen stillschweigend beschlossene Richtigkeit.
Ich hätte damals schon alles erahnen können, aber wie konnte ich wissen, was ich jetzt weiß nach all den überflüssigen Qualen der Proben.
Denn natürlich
ich bin aus dem Haus getreten und losgelaufen mit einer Miene als gehe es darum, pünktlich zur Enthüllung des Weltgeheimnisses zu erscheinen, es war zum Lachen, und am Anfang haben auch alle gelacht, sogar ich.

DER MANN Anfangsschwierigkeiten sind das, nichts weiter.

DIE FRAU Das sagt ihr mir zur Beruhigung.

DER MANN Wir proben es morgen wieder.

DIE FRAU Morgen, dachte ich, Sonnenschein Sommer, was heißt denn morgen?

DER MANN Jetzt gehen wir frisch und noch einmal an die Kußszene von gestern, das war so verkrampft, das muß aber ganz innig und ganz und gar unschuldig sollte das . . .

DIE FRAU Wie selbstverständlich sollte es wirken. Und ich stürzte mich in den Kuß, als gings ums Leben, und während ich küßte, glaubte ich plötzlich zu wissen, wie man aus einem Haus tritt und schnell und entschlossen irgendwohin geht und den Nächstbesten

fragt: Wie spät ist es bitte?
Natürlich gelingt so kein Kuß.
Das ging dann weiter und wurde nicht besser und während alle noch lachten, zog ich mir nur noch den Mund zu den Ohren. Und das Stück, das so alltäglich war und so leicht zu verstehen, am Abend in schwerer Hitze ein Fest, es ließ mich nicht mehr in Ruhe. Alles erinnerte mich an etwas, aber vor lauter Erinnern verpaßte ich dauernd mein Stichwort und vergaß in der Erinnerung schließlich sogar den Text.
Längst lachte keiner mehr, bloß ich stand noch da, den Mund zu den Ohren gezogen.
Daß ich falsch besetzt war, habe ich erst gemerkt, als es natürlich zu spät war. Aber wer kommt schon, während er sich noch mit dem Satz »Wie spät ist es bitte?« abmüht, auf die Idee, eine Fehlbesetzung zu sein. Das ist mein Beruf, habe ich mir damals gesagt, das wirst du doch spielen können: aus einem Haus treten, irgendwohin gehen schnell und entschlossen, innehalten dann plötzlich und nach der Zeit fragen. Daß das ein Kinderspiel sei, habe ich damals gedacht. Ich habe das Stück überhaupt nicht begriffen.

Das Haus verschwindet.
Die Frau geht zurück; wieder zum Mann.

DER MANN Am besten, ich lasse den Abend, ohne Vorspiel das Stück einfach am Abend beginnen.
So mit »Guten Tag, guten Tag« und »Ach wie schön, Sie wieder zu sehn.«
Zur Abwechslung schiebe ich vielleicht ab und zu ein

paar seltsame Sachen ein.

DIE FRAU In ein fremdes Stück?

DER MANN Es könnten ja Szenen dieses Abends sein.
Und übrigens: leuchtet Ihnen denn immer der Zusammenhang aller Ereignisse ein?
Einen zum Beispiel gibts, der geht den ganzen Tag spazieren. Gut gekleidet, wortlos, richtungslos läuft er herum – trägt schwarze Handschuhe sommers wie winters und hält die Hände verschränkt hinter seinem Rücken. Und in den Händen hält er eine leere Plastiktüte. Ich glaube, er ist völlig harmlos. Aber die Leute sagen, er sei verrückt.
Ich habe ihn schon öfter eingesetzt.

DIE FRAU Was hat er gespielt?

DER MANN Er kann nicht spielen.
Ich nehm ihn, wie er ist, und lasse ihn durch Stücke, in denen alles aufgeht, in denen also alles fehlt, als fremdes, als irritierendes Element gehen.

DIE FRAU Ganz grundlos?

DER MANN Ja natürlich.
Für eine Rolle mit Funktion, für Sinn und Zweck, wäre er ganz und gar unbrauchbar. Läßt man ihn aber so wie er ist, grundlos, ohne die leiseste Ahnung, worum es geht, ohne Sinn und Verstand durch eine beliebige Szene gehen, entsteht augenblicklich eine sehr seltsame, eine irritierende Fremdheit.

DIE FRAU Der Arme.

DER MANN Wieso?
Er hängt daran mit Leib und Seele. Er geht tagtäglich so durch die Welt; die macht ihn zum Gespött. Wenn

er genau so auf der Bühne durch eine Szene geht, wird er zum Rätsel.

DIE FRAU Und Rätsel sein ist ihm lieber?

DER MANN Wem nicht?

Der Mann mit den behandschuhten Händen im Rücken geht seelenruhig mit seiner Plastiktüte über die Bühne.

Glühend geht eine große Sonne auf.

DER GESICHTSLOSE Es ist so hell. Und dennoch ist die Dunkelheit vollkommen. Schon lange können wir nicht mehr einfache Summen ziehn. Was wir auch tun, ist lächerlich und leer. Jede Verbesserung hier stiftet ungeahntes Unheil dort. Ineins gefallen sind Fortschritt und Rückschritt, Sprachlosigkeit und Geschwätz.

Lächerlich ist es geworden, etwas zu beginnen, um es zu Ende zu führen. Und erst die großen Gefühle! Kein Mensch kann ahnungslos genug sein, um noch wahrhaftig zu trauern. Von Freude will ich gar nicht erst reden. Ach, und die Liebe . . .

Die Kulturgesellschaft gerät ins helle Licht.
Der Mann und die Frau bleiben im dämmrigen Dunkel.

Die Kulturmenschen plaudern über dieses und jenes. Essen, Trinken, Kunst und Eros geraten etwas durcheinander.

MANN Sind Sie sicher, daß das Ganze richtig hängt?
Daß, was hier oben ist, auch wirklich nach oben gehört?
Nicht daß die ganze Angelegenheit womöglich auf dem Kopf steht.

FRAU Ich bitte Sie, man sieht doch auf den ersten Blick . . .

MANN Sie werden mir doch nicht weismachen wollen, daß dieses Bild . . .

FRAU Ich bitte Sie, das ist Malerei, da hinten, eindeutig ist das ein Stall, hinter das Blaue bin ich bisher auch nicht gekommen, aber das Braune da vorne soll wohl ein Mensch . . .

MANN Ich tippe eher auf die Erschaffung der Welt; oder auf ihren Untergang.

Nach einer Verlegenheitspause plaudert sichs weiter.

1. HERR Politische Unterweisung im Theater. Ich weiß nicht; ich weiß nicht.

2. HERR Ich frage mich: wozu? Und ewig diese Friedenswochen. Gut gemeint, gut gemeint. Aber alles gräßlich dilettantisch.

Blasmusik – man kann mich umbringen damit!

Auf einem Sessel sitzt lächelnd ein Greis.

Ein halbnackter blutender Mensch wird aus dem Dunkel gezerrt und an einen Pfahl gebunden. Eine Blechkapelle stellt sich um ihn im Kreis. In irrsinniger Lautstärke, immer näher seinem Kopf, seinen Ohren kommend, spielen die Musiker den Gefesselten zu Tode.

Lächelnd sieht der Greis zu.

DER GREIS Dies alles bestätigt meine Theorie, daß der Mensch ... daß der Mensch ... Was war das doch für eine Theorie?

1. HERR Friedensorchester! Friedenschor!
Und alle sind begeistert.

2. HERR Dabei klingts gräßlich.

1. HERR Falsche Anpasserei. Wie immer! Anpasserei Mitläuferei. Wie immer.

3. HERR Aber alles gleich in Grund und Boden verdammen? Man darf das Rad der Geschichte ...

1. HERR Was reden Sie denn daher? Rad der Geschichte. So ein Blödsinn.

2. HERR Jetzt müssen Sie nur sagen, wir alle seien Narren am Abgrund.
Oder die Sache mit dem Tanz auf dem Vulkan. So ein Quatsch!

3. HERR Aber man muß sich doch fragen, was bleibt, wenn alles über Bord und untergeht?

1. HERR Übergeschnappt. Er ist vollkommen verrückt,

dieser Mann. Erst Rad der Geschichte, dann über Bord – kein klares Wort . . .

3. HERR Aber das sehen Sie doch auch: Unsere Zivilisation geht ganz rapid den Bach hinunter.

1. HERR Mein Guter. Gehen Sie zu Ihrer Frau nach Hause. Und weinen Sie sich aus.

Die Gesellschaft im Hintergrund gerät allmählich etwas aus den Fugen. Davon ganz unbeeindruckt reden der Mann und die Frau weiter.

DER MANN Im Lauf der Zeit ist die Gesellschaft leicht zerknittert. Man lacht, man tanzt, man schwadroniert und diskutiert und redet über die Krise der Kunst.

DIE FRAU Was heißt Krise der Kunst?

DER MANN Genau so.

DIE FRAU Wer was zu sagen hat, der hat was zu sagen.

DER MANN Ganz genau.

Also in diesem Stil. Und immer so weiter. Krise und Ölpest und Welt-in-die-Luft-Kunst; Katastrophen Untergang und wohin geht das alles man sollte nach Australien in den Busch. Das geht so eine Zeit lang.

Dann wird es schwieriger.

Denn dann erhebt sich ein Schauspieldirektor mit flammendem Blick.

DIE FRAU Was ist schwierig daran?

DER MANN Der muß dauernd warnen und mahnen und überzeugt sein von der Kraft und vom Freiheitswillen der Menschen und dauernd darauf hinweisen, wie sehr dies alles bedroht sei, gerade jetzt, und daß er deshalb warnen und mahnen muß, gerade jetzt, denn wenn jetzt nicht etwas . . .

DIE FRAU Dann ist alles zu spät.

DER MANN Ganz genau.

Also in diesem Stil.

Man muß etwas tun, und jeder kann etwas tun, also auch wir

das Theater

wir sind bestürzt und in Angst über die schlimmen Zeichen, die in den letzten Jahren immer deutlicher werden. Solche Sätze muß er dauernd sagen, der Ärmste. Daß das Menetekel vom Untergang an der Wand steht, muß er sagen, als Theatermensch redet er so. Es gibt viele Schuldige an dieser Entwicklung. Jetzt haben wir die Pflicht, Halt zu rufen und Widerstand zu leisten, muß er sagen. Wir haben Macht. Wir sollten sie benützen, muß er, fast wörtlich, sagen, das Theater . . .

DIE FRAU Ist die moralische Anstalt.

Die Kunst ist eine starke Waffe.

DER MANN In diesem Stil.

DIE FRAU Was ist schwierig daran?

Das läßt sich doch spielen.

DER MANN Aber er muß daran glauben.

Sonst kommt nichts rüber. Er muß ja die Festgäste, die alle noch ahnungslos in der Krise der Kunst herumstochern und Lateinamerika, Bergziegenmilch und die heilige Revolution preisen, die muß er ja aufrütteln sozusagen . . . Ihnen eine Art glatt überzeugenden Kunstsinns einreden.

DIE FRAU Das kann kein Problem sein.

DER MANN Vielleicht haben Sie recht.

Aber dann
da wird es nun wirklich schwierig,
für dieses Stück brauche ich noch ein Paar.

DIE FRAU Was für ein Paar?

DER MANN Ein Mann. Eine Frau.

DIE FRAU Wozu?
Was sollen die machen? Was passiert?

DER MANN Das eben ist so verworren, das ist so unklar am Ganzen und wird nie richtig deutlich. Am Schluß ist es wohl so, aber das merkt man die ganze Zeit nicht, daß sie sich lieben, aber daß das nicht geht.

Im Hintergrund haben sich inzwischen wieder die Damen und Herren der Kultur in ihre erstarrte Ausgangsposition begeben.

DIE FRAU Seltsam, wie alles immer kommt.
Noch sitzen wir hier. Weiß der Himmel, warum.
Später dann, eines Tages voll Himmel voll Sonne,
werden wir gottlob wieder allein,
warum weiß wieder bloß der Himmel,
kalt, böse und doch voller Sehnsucht in verschiedenen Zimmern sitzen.
Das Zimmer des anderen betreten wir nur, wenn wir dann und wann finden, wir hätten uns etwas zu sagen.
Aber das kommt kaum mehr vor.
Daß es so kommen würde, hätte dann immer keiner gedacht.
Aber es kommt so.
Genaugenommen war immer alles schon so.

Der Mann und die Frau beim Frühstück. Sie sehen sich gar nicht an. Was sie reden, ist wie ein altes, abgedroschenes Ritual.

DER MANN Ist das Graubrot?
DIE FRAU Nein. Leichter.
DER MANN Ist es ein Zwieback?
DIE FRAU Nein. Toller.
DER MANN Ist es ein Toast?
DIE FRAU Nein. Leckerer.
DER MANN Ist es ein Brötchen?
DIE FRAU Nein. Knuspriger.
DER MANN Ist es ein Keks?
DIE FRAU Nein lustiger.
DER MANN Kann man es mit Wurst essen?
DIE FRAU Aber ja.
DER MANN Und mit Salami?
DIE FRAU Natürlich.
DER MANN Und mit Schinken?
DIE FRAU Ohne weiteres.
DER MANN Und mit Käse?
DIE FRAU Eine gute Idee.
DER MANN Und mit Marmelade?
DIE FRAU Noch besser.
DER MANN Bestreicht man es mit Butter?
DIE FRAU Oft.
DER MANN Und dann ein bißchen Kräuterkäse?
DIE FRAU Warum nicht.
DER MANN Und etwas Kresse dazu?

DIE FRAU Nicht schlecht.

DER MANN Zwei Cornichons als Dekoration?

DIE FRAU Wie delikat.

DER MANN Und in die Mitte ein Radieschen?

DIE FRAU Genial.

DER MANN Ich muß jetzt gehen.
Hab einen schönen Tag.
Und mach uns heute abend irgendeine leckere Kleinigkeit. Bis dann.

DIE FRAU Vielleicht einen Krabbensalat. Und Artischocken.

DER MANN Ganz wie du willst.

DIE FRAU Ich werd noch nachdenken darüber. Also – bis dann.

DER MANN Küßchen noch. Komm.

Sie küssen sich flüchtig.

DER MANN Und nicht vergessen: Wer der Melancholie verfällt, den verläßt das Glück.

DIE FRAU Ich werde doch schon lange nicht mehr traurig.

DER MANN Also: Nicht heimlich zum Fläschchen greifen! Hinterher bist du dann bloß verzweifelt. Und: Verzweiflung riecht. Ich habs dir oft gesagt. Man wendet sich dann von dir ab.

DIE FRAU Ich werde eine Schlemmerpfanne machen.

DER MANN Wie du willst. Ich sag dir ja: hier bist du frei. Tagaus tagein kannst du hier machen, was du willst. Bloß: werd nicht melancholisch!

DIE FRAU Bis heute abend.

Das alte Fest.

EIN MANN Trennen wir uns. Machen wir endlich Schluß! Es ist für dich so unerträglich wie für mich.

SEINE FRAU Ich hätte nie gedacht, daß es für dich nur halb so unerträglich sein könnte wie für mich.

EIN MANN Laß uns nicht noch darüber streiten, für wen es unerträglicher ist.

SEINE FRAU Warum auch nicht. Wir haben schon über alles gestritten. Jetzt haben wir wenigstens wieder eine Zeitlang ein neues Thema.

Sie gehen zum kalten Büffet.
Zwei Damen, die eine versunken in Kummer und Gram, gehen mit ernsten Gesichtern vorbei.

1. DAME Er hat gesagt, alles mit mir war nur Lüge bisher. Das Leben mit mir sei eine Lüge gewesen, nichts weiter. Ich hab aus dem Fenster geschaut.

2. DAME Das hat er doch nur gesagt.

1. DAME Die Straße war wie von ihrem Platz geschoben.

2. DAME Er hat das gesagt.
Das heißt aber nichts. Du kennst ihn.

1. DAME Er hat gesagt, ich darf nicht mehr in seine Wohnung. Er gibt mir keinen Schlüssel mehr. Und meinen Schlüssel hab ich vor unserer Reise der Nachbarin zum Blumengießen gegeben. Sie gibt mir den Schlüssel nicht mehr zurück; er habe es ihr streng verboten. Ach, hätte ich doch
die blöden Blumen verdorren lassen lieber.

Zu den Damen gesellt sich ein Herr.

2. DAME Wie geht es ihm jetzt?

HERR Momentan scheint er die Sache im Griff zu haben. Jedenfalls steht er jetzt jeden Morgen wieder auf, erledigt so leidlich sein Alltagspensum, geht ab und zu sogar wieder aus. Informiert sich über dies und das, Wirtschaft, Politik, und wer wen umgebracht hat. Kunst interessiert ihn seltsamerweise gar nicht mehr – aber das ist ja kein Beinbruch und kommt vielleicht wieder.

Nur diese euphorischen Phasen gelegentlich. Grundlos und ohne Sinn und Verstand bricht er aus in ein derartig unbändiges Gelächter. Es ist fast unverschämt manchmal; man sitzt zum Beispiel zusammen, redet ernsthaft über, sagen wir mal – ist ja egal –, jedenfalls verläuft alles normal und ruhig und gewöhnlich wie immer und plötzlich lacht der, lacht und lacht, klatscht sich auf die Schenkel, brüllt kreischend vor Lachen: Zu komisch, brüllt er, zu komisch, kreischt er und geifert und lacht.

Ich bin ja im Komödienstadel, schreit er, ihr seid ein so fabelhafter Komödienstadel euer ganzer gebildeter Verein. In diesem Stil.

Er ist in dieser wilden Fröhlichkeit nicht mehr zu bremsen.

2. DAME Aber man gibt ihm doch sicher Medikamente, wenn diese Ausbrüche von Fröhlichkeit nicht aufhören.

Wie er wohl ohne Heiterkeit, ohne sein wildes Gelächter, den ganzen elenden Schlamassel um sich . . .

Ohne Lachausbrüche den Alltag? Daß er nicht mehr zum Strick greift, ist schon ein Fortschritt; andererseits – wie soll er ohne Gelächter das Tagtägliche, das er doch gar nicht aushält, ihm ist doch schon der Supermarkt ein Schreckenskabinett, wie soll ers ohne Strick, ohne Gelächter, über und hinter sich bringen?

HERR Den Alltag muß jeder von uns überstehen. Mein Alltag ist wahrhaftig auch kein Paradies. Und Strick oder Gelächter: ich bitte Sie, das ist doch keine Alternative.

Wieder gehen sie vorbei: der Mann und die Frau.

DIE FRAU Einmal einst
zuschauend und dabei unberührt bleibend, wird mir das alles heiter erscheinen und leicht, so leicht, als wär alles leicht und fast fröhlich. Und alles daran wird richtig sein: Denn es gibt nichts zu begreifen.
Ein Kinderspiel, wirklich, es wird ein Kinderspiel sein.

DER MANN Ich sagte doch, daß sie sich lieben, aber daß das nicht geht. Jedenfalls nicht in diesem Stück.

DIE FRAU Und dann?

DER MANN Verlassen die beiden das Fest.

DIE FRAU Und dann?

DER MANN Gehn sie nach Haus.

DIE FRAU Nach Haus zur Frau oder nach Haus zum Mann?

DER MANN Nach Haus zur Frau.

DIE FRAU Und dann?

DER MANN Schweigt die Frau.

DIE FRAU Aber es muß doch etwas passieren!

DER MANN Später dann, später. Wir sind doch noch mitten im Fest. Am Anfang, an diesem hitzigen Abend, erinnern Sie sich?, muß sie dastehen wie ein Eisschrank mitten unter den Leuten und plappern und plaudern und nippen am Gläschen und nicken . . .

DIE FRAU Hierhin und dahin und weiß der Himmel wo sein, bloß nicht da, wo sie steht und sich die Lippen zu den Ohren zieht, damit es aussieht wie Lachen . . .

DER MANN Woher wissen Sie das?

DIE FRAU Es ist so.

DER MANN Und der Mann muß auf die Frau zugehen und Guten Tag sagen.
Es gibt wirklich seltsame Stücke.

Der Gesichtslose Mensch taucht auf.
Die Frau sieht ihn, lächelt.

DIE FRAU Wenn mich so eine Art bange Ehrfurcht ergreift vor Leuten mit unsträflichem Lebenswandel, dann pfeif ich mir trotzig ein Lied:
Auch hinter den Bergen wohnen noch Leute. Nämlich die mit den lauten Augen, dem verschlossenen Mund und dem stillen Einverständnis mit der Qual, die wir uns gern und grausam antun.

DER MANN Das Unfaßbare, sagen alle, das Unfaßbare sei, daß jemand getötet wird ohne erkennbaren Grund.

DIE FRAU Neulich, nachts im Traum, hab ich gesehen, was ich schon immer sehen wollte: wie das Gesicht eines Menschen aussieht, während er einem anderen die Kehle durchschneidet, oder ihm ein Messer mitten ins Herz . . . und plötzlich habe ich gesehen, daß dieses Gesicht mein Gesicht war. Und ich habe gelächelt.

DER MANN Eines Tages erwachst du
und verlierst den Verstand.

Der gesichtslose Mensch lächelt.

Kahle Gegend mit Berg.
Noch höher sind der Mann und die Frau gestiegen.
Zugenommen hat Müdigkeit und Erschöpfung.
Das Schneetreiben ist noch viel dichter geworden.

DER MANN Der Aufstieg wird schwer.
DIE FRAU Und die Luft dünn sein, da oben.
DER MANN Wie hoch, schätzen Sie, ist dieser Berg?
DIE FRAU Sind Sie sicher, daß es ein Berg ist?
DER MANN Keine Ahnung.
DIE FRAU Es schneit. Demnach sind wir in der Natur. Vermutlich kommen wir nie hoch.
DER MANN Und wenn, werden wir eingeschneit werden da oben.
DIE FRAU Und keiner wird je erfahren, daß wir einmal . . .
DER MANN Gehen wir weiter.

Dunkel.

Der Mann und die Frau.

DIE FRAU Wo waren wir stehengeblieben?

DER MANN Der Mann muß auf die Frau zugehen . . .

DIE FRAU Und Guten Tag sagen, das weiß ich doch schon. Und daß dann beide das Fest verlassen und nach Hause gehen . . .

DER MANN Nach Hause zur Frau.

DIE FRAU Da waren wir schon.
Aber dann? Was passiert dann?
Das Übliche?

DER MANN Mehr oder weniger. Erst erzählt er, aus seinem Leben natürlich, Schwänke mehr oder weniger, Sie kennen das alles, und dann erzählt sie . . .

DIE FRAU Was erzählt sie?

DER MANN Sie ist eine ehemalige Tänzerin, steht im Personenregister, der es zur Ballerina, Primaballerina, wird einmal gesagt, nie gereicht . . .
Sommer, sagt sie, Sonnenschein Sommer war einmal für jeden, muß sie, die Ärmste, unentwegt sagen. Kein Mensch weiß warum . . . und die dann aus der Not eine Tugend . . . jedenfalls ihr Gesicht: es soll angespannt, müde, bestürzt wird gesagt.
Sie trainiert, wieder weiß keiner, warum, eine Taubstummentanztruppe.

DIE FRAU Warum nicht? Taube und Stumme und Taubstumme haben ein unglaubliches Rhythmusgefühl; das kann man entwickeln, dieses Gespür für Schwingungen, Bewegungen, schier unbegreiflich, Federn fühlen die fallen, die wachsen ganz weich hinein in die Bewegung, die öffnen sich ganz und gar, wenn man ihnen nur hilft, den Lufthauch spüren die, jede Spannung, die fangen zu reden an mit dem Körper und schließlich sprechen die regelrecht.

DER MANN Entsetzlich.
Woher wissen Sie das?

DIE FRAU Das ist mein Beruf. Ich trainiere Taubstumme seit Jahren. Das ist mein Leben.

DER MANN Sie passen genau in das Stück. Dort muß nämlich die Frau genau das alles sagen, was sie gerade gesagt haben. Ein bißchen anders vielleicht, aber so ähnlich, Körper und Schwingung und Haut und Berührung, Lufthauch, Bewegung und Spannung kommt alles vor,
und Mitteilung, dauernd nur Mitteilung, und Ausdruck vor allem, dauernd und unentwegt Mitteilung Ausdruck und Eindruck und wo man geht wo man steht Zusammengehörigsein, Mitleid Mitteilung Ausdruck.
Ich habe monatelang überlegt: wer soll denn so etwas spielen.
Und jetzt sitze ich da, und Sie sitzen da . . .

DIE FRAU Und wie geht es weiter?

DER MANN Der Mann sagt der Frau, wie lächerlich, Taubstumme zum Mitteilen zu trainieren, sich lebenslang mitteilen wollen, wem denn und was denn, lächerlich, sagt der Mann, sei dieser ganze Mitteilungsunsinn, das Warnen und Mahnen, dieses Zusammen-sind-wir-stark-sein-Wollen . . .

DIE FRAU Und die Frau fragt den Mann, wozu er so unermüdlich so lächerliche, so verworrene Stücke zur Aufführung . . .

DER MANN Und der Mann sagt, weil er . . . was dann der Mann sagt, weiß ich nicht mehr.
Ein unmögliches Stück. So verworren, so dunkel. So ohne zwingende Gründe.
Aber es hat einen sehr schönen Schluß.
Zwar ändert ja auch der schönste Schluß nichts am Ganzen. Aber der schöne Schluß ist immerhin besser als gar nichts.

DIE FRAU Sie haben gesagt, daß sie sich lieben am Schluß . . .

DER MANN Man sieht das Schlußbild: die Tanzfläche spiegelndes Eis. Und sie tanzt
und mit ihr tanzt diese ganze Taubstummentruppe.
Und alle tanzen mit geschlossenen Augen.
Tanzen bloß
tanzen schnaufend, absichtslos, stumm, lächelnd und ohne Blick.
Er sieht zu, und auch er schließt die Augen.

DIE FRAU . . . Daß sie sich lieben am Schluß, aber daß das nicht geht.

Kahle Gegend mit Berg.
Eine Erinnerung an Pyramiden.
Das Schneetreiben wird undurchdringlich.

DER MANN Du hast dich verändert.

DIE FRAU Bei aller Liebe: Du bist auch nicht mehr der Alte. Du bist dicker geworden. Du hast sogar einen Bauch.

DER MANN Dein Gesicht war einmal so glatt.

DIE FRAU Ach und deine Hände: wie fleischig; und waren einmal so fein, so kernig.

DER MANN Du hast die schönsten Lippen gehabt . . .

DIE FRAU Du hast – es sind nicht nur die Haare – etwas Graues bekommen.

DER MANN Du wirkst schwer. Früher warst du immer so – sagen wir – schwebend.

DIE FRAU Ich wachs in den Boden hinein.

edition suhrkamp. Neue Folge

165 Tove Ditlevsen, Gesichter
166 Medienmacht im Nord-Süd-Konflikt. Red.: Reiner Steinweg
167 Ernst Bloch, Kampf – nicht Krieg. Hg. v. Martin Korol
168 Peter Handke, Phantasien der Wiederholung
169 Volker Braun, Berichte von Hinze und Kunze
170 Edward P. Thompson, Die Entstehung der englischen Arbeiterklasse
171 Roland Barthes, Elemente der Semiologie
172 Franz Xaver Kroetz, Frühe Prosa/Frühe Stücke
173 Werner Koch, Intensivstation
174 Literatur der DDR in den siebziger Jahren. Hg. v. Peter Uwe Hohendahl u. Patricia Herminghouse
175 Lloyd de Mause, Grundlagen der Psychohistorie
176 Josef Esser/Wolfgang Fach/Werner Väth, Krisenregulierung
177 Josef Winkler, Die Verschleppung
178 Uwe Kolbe, Abschiede und andere Liebesgedichte
179 J. M. A. Biesheuvel, Der Schrei aus dem Souterrain
180 Jochen Hörisch, Gott, Geld und Glück – Zur Logik der Liebe
181 Georg Vobruba, Politik mit dem Wohlfahrtsstaat
182 Walter Vogl, Hassler
183 João Ubaldo Ribeiro, Sargento Getúlio
184 Francis F. Piven/Richard C. Cloward, Aufstand der Armen
185 Abschied vom Recht? Hg. v. Rüdiger Voigt
186 Celso Furtado, Brasilien nach dem Wirtschaftswunder
187 Martin Roda Becher, Der rauschende Garten
188 Das Schwinden der Sinne. Hg. v. Dietmar Kamper u. Christoph Wulf
189 Rüdiger Lautmann, Der Zwang zur Tugend
190 Vom Krieg der Erwachsenen gegen die Kinder. Red.: Reiner Steinweg
191 Brecht-Journal. Hg. v. Jan Knopf
192 Feminismus. Inspektion der Herrenkultur. Ein Handbuch. Hg. v. Luise F. Pusch
193 Alexander Kluge, Schlachtbeschreibung
194 Andrea Lee, Russisches Tagebuch

195 Taktische Kernwaffen. Die fragmentierte Abschreckung. Hg. v. Ph. Blanchard, R. Koselleck, L. Streit
196 Rüstung und soziale Sicherheit. Red.: Reiner Steinweg
197 Andreas Buro/Karl Grobe, Vietnam! Vietnam?
198 Franz Böni, Der Johanniterlauf
199 Ngũgĩ wa Thiong'o, Der gekreuzigte Teufel
200 Walter Benjamin, Das Passagen-Werk. Hg. v. Rolf Tiedemann. Zwei Bände
201 Jugend und Kriminalität. Hg. v. Horst Schüler-Springorum
202 Friederike Mayröcker, Magische Blätter
203 Manfred Frank, Was ist Neostrukturalismus?
204 Chie Nakane, Die Struktur der japanischen Gesellschaft
205 Marguerite Duras, Sommer 1980
206 Roland Barthes, Michelet
207 Julius Posener, Geschichte der Architektur im 20. Jahrhundert
208 Grace Paley, Veränderungen in letzter Minute
209 Kindheit in Europa. Hg. v. Heinz Hengst
210 Stanley J. Stein/Barbara H. Stein, Das koloniale Erbe Lateinamerikas
211 Naturplan und Verfallskritik. Zu Begriff und Geschichte der Kultur. Hg. v. Helmut Brackert u. Fritz Wefelmeyer
212 Arbeitslosigkeit in der Arbeitsgesellschaft. Hg. v. Wolfgang Bonß u. Rolf G. Heinze
213 Tzvetan Todorov, Die Eroberung Amerikas
214 Ziviler Ungehorsam im Rechtsstaat. Hg. v. Peter Glotz
215 Peter Weiss, Der neue Prozeß
216 Ein Jahrhundert geht zu Ende. Hg. v. Karl Dedecius
217 Luise F. Pusch, Das Deutsche als Männersprache
218 Alfred Sohn-Rethel, Soziologische Theorie der Erkenntnis
219 Randzonen. Interviews – Kurzgeschichten. Hg. von Judith Ammann
220 Claude Lévi-Strauss / Jean-Pierre Vernant u. a., Mythos ohne Illusion
221 Christiaan L. Hart Nibbrig, Der Aufstand der Sinne im Käfig des Textes
222 V-Leute – Die Falle im Rechtsstaat. Hg. v. Klaus Lüderssen
223 Tilman Moser, Eine fast normale Familie
224 Juan Goytisolo, Dissidenten
225 Alice Schwarzer, Lohn: Liebe. Zum Wert der Frauenarbeit
226 Paul Veyne, Glaubten die Griechen an ihre Mythen?
227 Thank you good night. Hg. v. Bodo Morshäuser

228 »Hauptsache, ich habe meine Arbeit«. Hg. v. Rainer Zoll
229 »Mit uns zieht die neue Zeit«. Hg. v. Thomas Koebner
230 Gregorio Condori Mamani, »Sie wollen nur, daß man ihnen dient ...«
231 Paul Feyerabend, Wissenschaft als Kunst
232 Meret Oppenheim, Husch, husch der schönste Vokal entleert sich. Hg. v. Christiane Meyer-Thoss
233 Politik der Armut. Hg. von Stephan Leibfried u. Florian Tennstedt
234 Die Ökologie des Körpers. Hg. v. R. Erben, P. Franzkowiak, E. Wenzel
235 Die wilde Seele. Hg. von Hans Peter Duerr
236 Ignácio de Loyola Brandão, Kein Land wie dieses
237 Gerold Foidl, Scheinbare Nähe
238 Kriegsursachen. Red. Reiner Steinweg
239 Reform und Resignation. Gespräche über Franz L. Neumann. Hg. v. Rainer Erd
240 Tim Guldimann, Moral und Herrschaft in der Sowjetunion
241 Werner Abelshauser, Wirtschaftsgeschichte der Bundesrepublik Deutschland 1945–1980
242 Dirk Blasius, Geschichte der politischen Kriminalität in Deutschland 1800–1980
243 Kurt Kluxen, Geschichte und Problematik des Parlamentarismus
244 Peter Marschalck, Bevölkerungsgeschichte Deutschlands im 19. und 20. Jahrhundert
245 Wolfgang Wippermann, Europäischer Faschismus im Vergleich 1922–1982
246 Michael Geyer, Deutsche Rüstungspolitik 1860–1980
247 Volker Hentschel, Geschichte der deutschen Sozialpolitik 1880–1980
248 Detlef Lehnert, Sozialdemokratie zwischen Protestbewegung und Regierungspartei 1848–1983
249 Jürgen Reulecke, Geschichte der Urbanisierung in Deutschland
250 Peter Alter, Nationalismus
251 Margret Kraul, Das deutsche Gymnasium 1780–1980
252 Manfred Botzenhart, Reform, Restauration, Krise. Deutschland 1789–1848
253 Jens Flemming, Deutscher Konservatismus 1780–1980
254 Hans-Ulrich Wehler, Grundzüge der amerikanischen Außenpolitik 1750–1900

255 Heide Wunder, Bäuerliche Gesellschaft in Deutschland 1524–1789
256 Albert Wirz, Sklaverei und kapitalistisches Weltsystem
257 Helmut Berding, Antisemitismus in Deutschland 1870–1980
258 Konrad H. Jarausch, Deutsche Studenten 1800–1970
259 Josef Mooser, Arbeiterleben in Deutschland 1900–1970
260 Dietrich Staritz, Geschichte der DDR 1949–1984
261 Gilbert Ziebura, Weltwirtschaft und Weltpolitik 1922/24–1931
262 Ulrich Kluge, Die Deutsche Revolution 1918/1919
263 Horst Dippel, Die Amerikanische Revolution 1763–1787
264 Karl-Egon Lönne, Politischer Katholizismus
265 Volker R. Berghahn, Unternehmer und Politik in der Bundesrepublik
266 Wolfram Siemann, Die Revolution 1848/49 in Deutschland
267 Dietrich Thränhardt, Geschichte der Bundesrepublik 1949–1984
268 Peter Christian Witt, Die deutsche Inflation 1914–1924
269 Horst Möller, Deutsche Aufklärung 1740–1815
270 Gotthard Jasper, Von der Auflösung der Weimarer Republik zum NS-Regime
271 Klaus J. Bade, Europäischer Imperialismus im Vergleich
272 Dieter Grimm, Deutsche Verfassungsgeschichte 1803–1980
273 Hanna Schissler, Geschichte des preußischen Junkertums
274 Jürgen von Kruedener, Deutsche Finanzpolitik 1871–1980
275 Rüdiger vom Bruch, Deutsche Universitäten 1734–1980
276 Reinhard Sieder, Geschichte der Familie
277 Heinz-Günther Reif, Sozialgeschichte des deutschen Adels
278 Michael Mitterauer, Sozialgeschichte der Jugend
279 Hans-Christoph Schröder, Die Englische Revolution 1640–1688
280 Ernst Hinrichs, Die Französische Revolution 1789
281 Bernd Wunder, Geschichte der deutschen Bürokratie
282 Wolfgang Hardtwig, Vereinswesen in Deutschland 1780–1980
283 Hans-Peter Ullmann, Wirtschaftliche und politische Interessenverbände in Deutschland 1870–1980
284 Ute Frevert, Geschichte der deutschen Frauenbewegung
285 Hartmut Kaelble, Europäische Sozialgeschichte 1880–1980
286 Dieter Langewiesche, Deutscher Liberalismus
287 Klaus Schönhoven, Deutsche Gewerkschaften 1860–1980
288 Martin Greschat, Politischer Protestantismus

290 Octavio Paz, Zwiesprache
291 Franz Xaver Kroetz, Furcht und Hoffnung der BRD
292 Wolfgang Hildesheimer, The Jewishness of Mr. Bloom/ Das Jüdische an Mr. Bloom. Engl./Dt.
293 György Konrád, Antipolitik
294 Alexander Kluge, Neue Geschichten
295 Reto Hänny, Ruch
296 Atomkriegsfolgen. Der Bericht des »Office of Technology Assessment«
297 Peter Sloterdijks »Kritik der zynischen Vernunft«
298 Die Selbstbehauptung Europas. Hg. von Willy Brandt
299 Konrad Wünsche, Der Volksschullehrer Ludwig Wittgenstein
300 edition suhrkamp. Ein Lesebuch